El Poder de Su Sangre

Manual Instituto ICM

APÓSTOL DR. JOSE ZAPICO

Nuestra Visión

Alcanzar las naciones llevando la autenticidad de la revelación de la Palabra de Dios, para incrementar la fe y el conocimiento de todos aquellos que lo anhelan fervientemente; esto, por medio de libros y materiales de audio y video.

Publicado por
JVH Publications
11830 Miramar Pwky
Miramar, Fl. 33025
Derechos reservados

© 2015 JVH Publications (Spanish edition)
Tercera Edición 2017
© 2017 Jose Zapico © 2017
Todos los derechos reservados.
ISBN 1-59900-047-4

Diseño de la portada e interior: Esteban Zapico
Transcripción: Tatiana Figueroa
Corrección: Sarahi Leal y Lidia Zapico
Imágenes e ilustraciones: Usadas con permiso de Shutterstock.com.y Wikipedia.org
Impreso en USA (Printed in USA)
Categoría: Vida Cristiana y Teología

Índice

OBJETIVO DEL ESTUDIO

El objetivo de este manual es para que cada estudiante entienda el valor que tiene la sangre de Cristo y el poder que opera cuando se aplica para expiar los pecados cometidos. Es evidente que a partir desde ese mismo instante todos aquellos que ponen su fe en esa sangre y son lavados por ella serán salvos. También es bien importante entender su origen en la Ley dada a Moisés, ya que ella sería sombra de lo que había de venir.

En el Antiguo Pacto una vez al año, el sacerdote debía hacer una ofrenda de la sangre de animales sobre el altar del templo por los pecados del pueblo. (*Hebreos 9:22*) Sin embargo esta ofrenda estaba limitada en su efectividad, por lo que tenía que ser ofrecida una y otra vez. La verdad central de estas clases; es que una vez que fue hecho ese sacrificio, ya no hubo necesidad de la sangre de toros y machos cabríos.

La sangre de Cristo también es la base del Nuevo Pacto. (Lucas 22:20), el cual nos hace libres de toda condenación; por la fe lo creemos y recibimos todos los beneficios que este nos proporciona.

Mientras Jesús moría dijo: ¡Consumado es!, y con eso quiso decir que la obra completa de redención fue hecha para siempre, habiendo obtenido redención eterna, para nosotros (Hebreos 9:12).
La sangre de Cristo no solo redime a los creyentes del pecado y el castigo eterno, sino que *"su sangre purificará nuestra conciencia de obras muertas para servir al Dios vivo"*(Hebreos 9:14).

El Autor

LECCIÓN 1
EL SELLO DEL PACTO

Génesis 9:9 *RVR1960*
*He aquí que yo establezco mi **pacto** con vosotros, y con vuestros descendientes después de vosotros.*

Para profundizar en el tema del pacto de Dios, debemos de conocer primeramente **¿Qué se considera como un pacto?** La palabra "pacto"en hebreo, es [*berîth*] que significa: convenio, acuerdo. En griego es [*diathek'*] y se refiere a un testamento o decreto. Es un término que se usa en las Escrituras para hablar de convenio.
- **Entre un hombre y otro hombre**. Puede ser entre dos iguales de clase sociales o los que involucraban a un señor y un vasallo.
- **Entre Dios y el hombre**. Hablando en general, Dios hace un pacto con el hombre.

A través de las Escrituras el término "pacto" describe más comúnmente la relación formal que existía entre Dios, por una parte, e Israel como el pueblo escogido por otra.

En todo pacto hay un acuerdo mutuo acerca de:
- las condiciones, los privilegios y
- las responsabilidades de ambas partes.

El Señor mismo determinó las provisiones del pacto: las dio a conocer a su pueblo y la posibilidad de aceptarlo o rechazarlo. El pacto que Dios hizo con Abraham tenía que cortar la carne y sangrar, este acto se llama la circuncisión. Esto representa en lo espiritual que lo primero que hace el pacto, es: *cortar la carne, la carne del corazón.* **El pacto es un compromiso y el que lo hace, está renunciando a su pecado.** La Palabra de Dios es como espada de doble filo, así que el que quiere hacer morir su carne, deje que la Palabra de Dios penetre hasta lo más profundo del ser interior, porque va a hacer un corte que separa la carne del espíritu y corta el deseo de seguir pecando. Entonces podrás decir…*"ya no vivo yo, mas Cristo vive en mi".*

En Israel, a los niños se le circuncidaba a los ocho días de nacido. Medicamente está comprobado que en el octavo día esa parte de su órgano esta anestesiado, y que es el momento oportuno para cortar parte de su carne porque no tendrían dolor.

La Biblia nos habla de una circuncisión, no solo de la ley judía sino de la ley divina del pacto eterno.

Ojala todas las personas nacidas de nuevo en la revelación del Nuevo Pacto, pudieran ser bautizadas al octavo día, porque cuando la persona se bautiza, es un indicativo en el mundo espiritual de que muere para el mundo para resucitar para Cristo. Cuando alguien se convierte, está en pleno fervor del amor por Cristo y su carne está como anestesiada por la gloria y la experiencia que está viviendo. Esos son los primeros días de vida espiritual, que se goza del verdadero amor con Dios y su presencia.

Jeremías 31:33 *RVR1960*

*Pero este es el **pacto** que haré con la casa de Israel después de aquellos días, dice Jehová: Daré mi ley en su mente, y la escribiré en su corazón; y yo seré a ellos por Dios, y ellos me serán por pueblo.*

Durante las edades Dios ha hecho muchos pactos con diferentes hombres de Dios, igualmente hizo pacto con una nación entera llamada Israel, pero este "Nuevo Pacto" prometido a Jeremías, hace posible una nueva relación con Dios y fue ratificado por la sangre de Cristo, abriendo **un nuevo camino** que trae la nueva relación personal con Dios.

EL SELLO DEL PACTO ETERNO EN SU SANGRE

Cuando se nombra el pacto eterno se refiere al Nuevo Pacto que Jesús hizo con su sangre.

...y el Dios de paz que resucito a nuestro Señor Jesucristo el Gran Pastor de las ovejas, por la sangre del pacto eterno.

El pacto eterno tiene el sello de la sangre de Jesús; primero fue cordero (dio su vida por las ovejas), después fue Pastor de Pastores. Por la sangre del pacto eterno, te hizo co-heredero, te dio el privilegio de ser hijo de Dios y te da la vida eterna.

Si el pacto permanece, la sangre también permanece. Tiene la misma capacidad y no ha dejado de ser eficaz.

Esa sangre no solo confirmó el pacto, sino que realmente lo cumplió en sí mismo, porque la estipulación del compromiso era de esta manera: **Cristo debía sufrir por nuestros pecados y honrar la ley divina.**

Al participar de la cena del Señor confirmamos nuestro pacto con Dios. Olvidar este pacto es comer indignamente del pan y de la sangre de Cristo.

LA IMPORTANCIA DE CONOCER EL PACTO DE DIOS Y SU VALIDEZ

Cuando se tiene consciencia de lo que es vivir bajo **pacto,** trae estabilidad espiritual y una profunda pasión por Dios. Entenderás que su pacto nunca se rompe, Dios no lo hará porque Él es Dios fiel, que guarda el pacto y la misericordia; los hombres son los que rompen el pacto y son infieles.

Hebreos 13:20-21 *RVR1960*

*²⁰ Y el Dios de paz que resucitó de los muertos a nuestro Señor Jesucristo, el gran pastor de las ovejas, por **la sangre del pacto eterno**, ²¹ os haga aptos en toda obra buena para que hagáis su voluntad, haciendo él en vosotros lo que es agradable delante de él por Jesucristo; al cual sea la gloria por los siglos de los siglos. Amén.*

El convenio que Dios ha hecho con el creyente, es de garantía por vida.

¿Cuál es el sello que lo certifica? La sangre de Jesús; ella es totalmente limpia y fue derramada para establecer la legalidad del pacto, el cual se utiliza como el sello que da garantía al pacto. **La garantía de los que viven bajo el pacto de Dios.**

Un testamento para que sea válido, tiene que tener un sello y una firma. El pacto de Dios, tiene un sello que lo establece y lo legaliza y es la sangre derramada de Cristo en la cruz.

- **Hacer el pacto con Dios te da garantía de que Dios** te bendecirá, te prosperará y sanará tu tierra y tu cuerpo, además te da salvación y vida eterna; éste es su convenio.
- **-¿Cuál es el tuyo ahora?** Amarlo sobre todo, no pecar, obedecer su Palabra y vivir separado del mundo y crucificar cada día la vieja naturaleza que es la carne en las intenciones del corazón.

Hoy vivimos bajo *el Nuevo Pacto en su Sangre,* el cual nos proporciona para recibir la seguridad de la salvación y la paz duradera.

EL PACTO DE DIOS TE OFRECE SU PAZ

Cuando tú conoces el pacto de misericordia y de favor que ha sido derramado sobre tu vida, recibirás la paz de Dios. Si tú reconoces a Cristo como tu salvador, no puedes ya estar viviendo en un estado de guerra y conflicto interior. **Tu guerra se vuelve contra todo lo que intenta detener el desarrollo de tu vida espiritual,** pero en lo que se refiere a Dios, tienes que estar en paz con Él. Si aún tienes inseguridad de tu salvación eso demuestra que aún no has tenido un encuentro real con Jesucristo.

El pacto eterno te garantiza la paz y serenidad en una absoluta confianza en Dios.

No puedes vivir dentro de ti, en la contienda por causa del pasado; repréndela en el nombre de Jesús, porque cuando vives bajo *el pacto eterno*, Dios te da la certeza como garantía de que eres hijo de Dios.

Isaías 30:15 RVR1960

Porque así dijo Jehová el Señor, el Santo de Israel: En descanso y en reposo seréis salvos; en quietud y en confianza será vuestra fortaleza.

Debes de buscar la intimidad con Dios y la relación personal, no importando la presión que haya afuera de ti. Tienes que creer en la promesa que Pablo escribió en su carta a los filipenses.

Filipenses 4:7 RVR1960

Y la paz de Dios, que sobrepasa todo entendimiento, guardará vuestros corazones y vuestros pensamientos en Cristo Jesús.

Cuando tú tienes revelación del Dios de paz, serás inamovible en tu manera de pensar, y esa paz que experimentarás, no la entenderás, porque es más de lo que tu mente podrá concebir. **Recuerda que Dios tiene control de todas las cosas que ocurren en los cielos y debajo de los cielos, y tú que eres su hijo, estás bajo esa cubierta de seguridad.**

Isaías 54:10 RVR1960

*Porque los montes se moverán, y los collados temblarán, pero no se apartará de ti mi misericordia, ni **el pacto de mi paz** se quebrantará, dijo Jehová, el que tiene misericordia de ti.*

Cuando la gente quiere arreglar sus problemas por sí mismos, sin contar con el consejo de Dios; lo harán en sus fuerzas humanas.

Por eso, muchos se equivocan y en lugar de arreglar las cosas las empeoran. Todo lo que se hace en las propias fuerzas, no corresponde al nivel de una vida que ha entrado en relación con Dios.

NO AL RECHAZO PERSONAL

Nunca te menosprecies por lo que tú eres, o como tú luces. En Jesucristo hay suficiente belleza para cubrir tus deformidades. Cuando Jesús te ve, lo hace a través del pacto que te cubre, que es el sello de su Sangre. Y cuando te ven, tienes una belleza interior que superará en creces la física. En Jesús, eres hermoso y hay suficientes méritos, para cubrir tus deméritos. Hay un acuerdo legal, el cual es el testamento que ha sido suficientemente legalizado, pues hay eficacia en la sangre expiatoria de Jesucristo. La sangre de Cristo es suficientemente poderosa, para lavar tus transgresiones, pecados y rebelión.

La Sangre de Jesús lava tu conciencia de obras muertas del pasado. El poder de la sangre de Cristo es eficaz para darte limpieza de todos tus pecados y santificarte para Dios.

RECIBIENDO LA SEGURIDAD DE SALVACIÓN POR LA GRACIA DEL BUEN PASTOR

Hay mucha gente en la iglesia que no sabe si es salva, porque no tienen la seguridad de la salvación. Al conocer acerca del sello del pacto de Dios, recibes la bendición de ser guardado por el gran Pastor. Pero Jesús no solo es Pastor, Él también se convierte en el Gran Pastor de las ovejas. En el Evangelio de Juan 10, Jesús se revela como *"el buen Pastor que da su vida por las ovejas"*, y en su entrega de amor, te pastorea y te lleva a descansar a lugares de delicados pastos. Las ovejas se caracterizan por ser animales torpes, que se pierden y se salen del buen camino. Por eso el Pastor con su cayado guía a la oveja, y con la vara castiga al lobo que se quiere acercar a ellas para lastimarlas.

1 Pedro 5:4 ^{RVR1960}

Y cuando aparezca el príncipe de los pastores, entonces vosotros, también seréis manifestados con El en gloria.

EL SELLO DEL PACTO ES ETERNO

El sello del pacto no exige que cada año te presentes delante de la presencia de Dios para renovarlo, sino que una vez hecho Dios lo establece para siempre.

El pacto que la Biblia certifica, fue establecido por la Sangre de Cristo, y es un pacto eterno.

Cuando entiendes ahora que el pacto que Dios ha hecho contigo no ha sido solo por una temporada sino que es indefinido, eso te da seguridad y convicción de que tú no le puedes ser infiel al Señor, apartándote y olvidándote de Él. Tu fidelidad hacia Dios tiene que ser hasta la muerte. No solo cuando te sientas bien, o cuando las cosas estén tranquilas. Eso te debe desafiar a comprometerte diciéndole a Dios que tú quieres amarle y serle fiel todos los días de tu vida.

Tu compromiso no es con el hombre, la sociedad o un sistema, es con Jesucristo. **Si Dios dice que este pacto es eterno**, ¿tú crees que el hombre es mortal? ¿para qué queremos un pacto eterno si no seremos eternos? Entonces resumiendo, por medio del sello del pacto no solo te hizo coheredero con Cristo, sino semejante a su Hijo unigénito. El sello del pacto, es un pacto eterno porque creer en Cristo te da derecho de tener la vida eterna.

LECCIÓN 2
EL SELLO DE LA LEGALIDAD

El pacto de Dios por medio del sello de la sangre de Jesucristo tiene legalidad.

Hebreos 13:20-21 ^{RVR1960}

*²⁰ Y el Dios de paz que resucitó de los muertos a nuestro Señor Jesucristo, el gran pastor de las ovejas, por **la sangre del pacto eterno**, ²¹ os haga aptos en toda obra buena para que hagáis su voluntad, haciendo él en vosotros lo que es agradable delante de él por Jesucristo; al cual sea la gloria por los siglos de los siglos. Amén.*

Cuando se habla *del pacto de Dios,* se entiende que es un acuerdo o una alianza establecida entre Él y los humanos. Satanás es padre de mentira; y todo lo que nace de Dios, Satanás intentará imitarlo de alguna manera, de una forma distorsionada. El enemigo querrá hacer una fotocopia del pacto original de Dios y le exigirá a sus seguidores que pacten con él a través de sacrificios de sangre; es por eso que los satanistas sacrifican niños y seres humanos; para afirmar esa práctica en ellos. Esos pactos producen, condenación, opresión, esclavitud, miseria y tormento.

Sin embargo el pacto de Dios trae vida, libertad y perdón de pecados. Su sello afirma que fue hecho una vez y para siempre; a través de Jesucristo.

EL SELLO DE LA SANGRE DE CRISTO, TE HACE INMUNE AL PECADO

Cuando una persona está débil o esta anemica, es porque tiene carencia de glóbulos rojos. Su nivel de sangre ha descendido, pues cuando hay más glóbulos blancos la persona estará inclinada a tener anemia, y eso le podría producir infecciones, pues no tendrá la capacidad de contrarrestar ciertos tipos de virus y bacterias. Este tipo de personas se volverán vulnerables a cualquier contaminación ambiental. Por eso los médicos les recomendarán que hagan una dieta especial para subir los glóbulos rojos, porque si no será sensible a todo tipo de contagio.

En el mundo espiritual, **el pacto en su sangre** te sella, te libra del mal e impide que seas contaminado, porque tendrás altos los glóbulos rojos espirituales que combaten contra el mal.

La sangre de Jesús, el hijo de Dios es una sangre perfecta, un ADN impecable y puro, y no hay contaminación en ella.

Esa Sangre señalará en el mundo espiritual que eres heredero y coheredero con Cristo Jesús Señor nuestro.

El pacto que tú le haces a Dios de guardar su Palabra y obedecerle, estará marcado con el sello de la sangre de Cristo y te hará capaz de gozar de su protección. Él fue Unigénito cuando nació, pero cuando se levantó de entre los muertos, fue el primogénito de los que debían de resucitar; es decir, que después de Él iban a venir muchos más. En la Biblia dice que cuando Jesús se levantó entre los muertos, fue tal el poder de la resurrección, que casi quinientas personas resucitaron con Él. Esto era símbolo y figura profética de lo que el Señor haría en un futuro. Por eso la Biblia dice que los muertos en Cristo resucitarán primero.

Para que el Pacto sea firme, debe haber sangre para que permanezca. Y la sangre del Hijo de Dios es perfecta.

La sangre de Cristo nos hace aptos y aceptos dentro del pacto; este es un pacto firme y obligatorio; es más fácil que pase el cielo y la tierra a que una tilde del cumplimiento del pacto deje de cumplirse. **La sangre del Hijo de Dios es vida, y es efectiva para ser aplicada ante cualquier pecado del ser humano, cuando se arrepiente de todo corazón**.

La sangre de Cristo no solo confirmó el pacto, sino que realmente lo cumplió, porque la condición para el cumplimiento del Antiguo Pacto, requería que para que el pecado fuera cancelado o perdonado, tenía que haber un sacrificio de sangre, por lo tanto ante Dios puedes decir que Él te ha perdonado con su sangre (que garantiza el pacto eterno), y no solo lo cubrió, sino que lo quitó.

El pecado mata, destruye y abre legalmente las puertas para que entren los demonios que operan en la vida de los seres humanos. Cristo sufrió en tu lugar, y pagó el precio. Él fue tu sustituto, sufrió por tus pecados y cumplió ante Dios las demandas de la ley divina que eran muerte por el pecado.

Jesús honró la ley del Padre que era satisfacer la demanda por medio de la Sangre.

Jeremías 32:40 *RVR1960*

Y haré con ellos pacto eterno, que no me volveré atrás de hacerles bien, y pondré mi temor en el corazón de ellos, para que no se aparten de mí.

¿Cumplió Dios el pacto? ¿Cuál es la parte que tiene que ser cumplida?, en lo que se refiere a Jesús, Él se comprometió a sufrir por nosotros y pagar por nuestro pecado, es decir, el Señor escogió la peor parte, la más difícil que era morir por el pecado de la humanidad. El hombre por sentencia divina merecía morir, pero Jesús dijo, un momento: "yo voy hacer la parte del pacto que es peor para ellos, porque si ellos mueren bajo la sentencia de pecado nunca tendrán remisión por sus faltas y delitos. Si Yo muero, tomando la forma humana de ellos, entonces el Padre me resucitará al tercer día, y podrán disfrutar de una vida plena y abundante, porque Yo cargué, morí, y fui sepultado por sus pecados, pues no resucité con relación al pecado, sino para darles vida a aquellos por los cuales Yo morí en la cruz"

Así como Jesús murió en la cruz por nuestros pecados, nosotros debemos ir a la cruz para morir al pecado juntamente con Él.

Romanos 6:6 RVR1960

…sabiendo esto, que nuestro viejo hombre fue crucificado juntamente con él, para que el cuerpo del pecado sea destruido, a fin de que no sirvamos más al pecado.

Lo primero que hace el pacto de Dios, es cortar tu carne, tus apetitos desordenados y te hace libre de los vicios de la naturaleza caída y pecaminosa; es ahí cuando comienzas a ser cambiado en otra persona. Es imposible que **gente de pacto** siga viviendo en la mentira, o teniendo relaciones sexuales ilícitas, bebiendo o consumiendo drogas. Si mantienes la carne alimentada por el pecado, serás su esclavo.

Gálatas 5:24 RVR1960

*Pero los que son de Cristo han **crucificado** la carne con sus pasiones y deseos.*

Jesús te representó ante el Padre en la cruz, así que no te justifiques de tus malas acciones diciendo: *"sopórtame como soy"*. Dios no lo acepta, porque todo hombre y mujer de pacto, debe morir juntamente con Cristo. ¡Gloria a Dios! Que no permaneció para siempre en el sepulcro, sino que nos dio la victoria de la vida en la resurrección. Cuando se levantó, lo hizo con relación a la vida y a la vida en abundancia.

Tú estas muerto con Cristo y sepultado con relación a la muerte y al pecado; pero también serás levantado a la vida en su resurrección, para tener participación de su pacto eterno.

EL SIGNIFICADO GLORIOSO DE LA SANTA CENA

1 Corintios 11:28 RVR1960

27 De manera que cualquiera que comiere este pan o bebiere esta copa del Señor indignamente, será culpado del cuerpo y de la sangre del Señor.

Comer indignamente la cena del Señor, es hacerlo sin conocimiento previo. Antes de participar del vino, tienes que pedirle perdón a Dios de todos tus pecados. Jesús te limpia y te perdona de toda iniquidad cuando tienes actitud de arrepentimiento.

Cuando Pablo decía: *"no discerniendo el cuerpo del Señor"*… él se refería al peligro de acercarse a su mesa y tomar de la copa que simboliza su sangre, sin creer lo que ella representa. Esto no significa que cuando tú la bebas se va a convertir en sangre como lo establece la religión tradicional; sino que, en un acto de fe tú crees que eso representa el sacrificio de Jesús en la cruz. Hay muchos que se mantienen en condenación y temor, porque no han creído que la sangre de Cristo los haya justificado ante Dios y no confían que en esa sangre haya suficiente poder para perdonar los pecados.

Pablo decía que había mucha enfermedad entre ellos y que estaban débiles porque no creían en la victoria total que había en la sangre de Jesús.

> **Hay muchos que no se consideran justificados delante de Dios y tampoco intentan hacerlo, ellos dicen que tienen dudas, luchas y muchas ataduras espirituales, pero cuando se tiene fe en la sangre de Jesús, una de las evidencias de esa fe, es que entrarás en el reposo de Dios.**

Si tú crees en Jesús y en el poder de su sangre y de su Nombre, tu alma, tu mente, tu conciencia van a entrar en el reposo de Dios en esta hora. Debes declarar *"creo que estoy salvo, creo que estoy completamente perdonado, creo que estoy santificado, creo que soy sano, porque creo en la Sangre de Jesús y confío en el poder de su Sangre."*

¿Cómo Tu Aplicas la Sangre de Jesús Sobre Tu Vida?

Cuando conoces lo que ella es capaz de hacer y crees con todo tu corazón, aplicándola con fe sobre tu vida sin dudar, la sangre de Cristo será efectiva para tu necesidad presente. Atraerás la presencia de Dios en tu vida. Es importante que entiendas que además de creer en la Sangre de Cristo, tienes que tener una sólida fe para discernir la dimensión del poder que ella tiene cuando la aplicas a tu vida.

1 Pedro 1:18-22 ^{NTV}

¹⁸ Pues ustedes saben que Dios pagó un rescate para salvarlos de la vida vacía que heredaron de sus antepasados. Y el rescate que él pagó no consistió simplemente en oro o plata ¹⁹ sino que fue la preciosa sangre de Cristo, el Cordero de Dios, que no tiene pecado ni mancha. ²⁰ Dios lo eligió como el rescate por ustedes mucho antes de que comenzara el mundo, pero ahora él se lo ha revelado a ustedes en estos últimos días. ²¹ Por medio de Cristo, han llegado a confiar en Dios. Y han puesto su fe y su esperanza en Dios, porque él levantó a Cristo de los muertos y le dio una

gloria inmensa. ²² *Al obedecer la verdad, ustedes quedaron limpios de sus pecados, por eso ahora tienen que amarse unos a otros como hermanos, con amor sincero. Ámense profundamente de todo corazón.*

El poder de la sangre de Cristo, es el poder más efectivo que puede existir en el mundo espiritual tal cual lo declaran las escrituras:

Apocalipsis 12:11 ᴺᵀⱽ

Ellos lo han vencido por medio de la sangre del Cordero y por el testimonio que dieron. Y no amaron tanto la vida como para tenerle miedo a la muerte.

No hay palabra más grande de fe que aquella que declara el poder que tiene la sangre. Aquí se establece la esencia de la confesión de una genuina y verdadera fe, basada en la Palabra de Dios y en la sangre derramada, cuya victoria ha provisto la eterna derrota de Satanás.

Cada cristiano con sus pecados borrados más la declaración de la obra redentora de Jesucristo a través de la sangre, silencian en forma triunfante los intentos del príncipe de la tiniebla por intimidar a los hijos de Dios.

La voz acusadora del enemigo, de condena y culpa, se desvanece ante la victoria aplastante del calvario. Sí, no hay que dudar en ningún momento que el arma principal del pueblo de Dios contra Satanás **es la sangre del Cordero,** solo ella responde en contra todas las acusaciones que llegan a la mente.

La Iglesia verdadera sabe y reconoce que la sangre de Cristo ha satisfecho todos los cargos contra los redimidos, haciéndolos parte de una herencia eterna, proveyéndole todo lo necesario para vivir en victoria total.

La sangre ha constituido un inquebrantable vínculo de unidad y relación con Dios, que previene a Satanás contra su intento de separar a los que han nacido de nuevo de los recursos eternos y abundantes que el Dios de gracia les ofrece. El principio de esta verdad central es que Dios nos ha declarado justos y victoriosos por medio de la Sangre de Jesús.

Romanos 5:9 ᴺᵀⱽ

Entonces, como se nos declaró justos a los ojos de Dios por la sangre de Cristo, con toda seguridad él nos salvará de la condenación de Dios

Tú debes entender la efectividad que tiene la Sangre de Cristo rociada sobre tu vida; esta es la única Sangre que ha sido capaz de borrar y limpiar de una vez y para siempre la consecuencia del pecado, porque fue una Sangre sin mancha, ni contaminación y sin pecado alguno.

LECCIÓN 3
EL CUMPLIMIENTO DE UN PACTO PERFECTO

Cuando tienes revelación de lo que Dios hizo contigo por medio de Jesús, vas a darle mayor valor a tu compromiso en la vida cristiana. Jesús no fue enviado al mundo para establecer una religión; vino para alcanzar a la humanidad y rescatarla de su pecado a través de la vida que emanó por medio de su sangre derramada en la cruz.

Nunca fue el deseo de Dios dar a la humanidad una religión cargada de dogmas, ritos y sacramentos en la cual los seres humanos no pudieran cumplir; Dios mostró de Jesucristo la vida y vida eterna.

Cuando se habla de Jesucristo, se refiere a la vida porque Él es la misma esencia de la vida.

Dios resucitó a Jesucristo nuestro Señor el gran Pastor de las ovejas, por la sangre del Pacto Eterno. El Dios de paz, hizo el pacto a favor tuyo; Él cargó con tus pecados, y se comprometió a sufrir por ellos para que tú no sigas bajo condenación.

LA BENDICIÓN DEL PACTO

¿En qué consiste esto? En el poder y el querer; Dios desea bendecirte y darte bendiciones maravillosas, que solo los logran los que son parte del pacto.

El beneficio siempre estuvo al alcance de todos, pero para hallarlo hay que buscarlo con todo el corazón y desearlo hasta encontrarlo.

Dios está comprometido en dar sus lluvias de bendiciones a gente de pacto.

-¿Qué significa esto? Gente comprometida, responsable, fiel, obediente y rendida totalmente a Dios. Más que todo lo pasajero que el mundo exterior pueda ofrecerte se levanta el pacto de Dios en garantía absoluta sobre tu vida. Si eres parte del pacto, debes anhelar servir a Dios.

-¿Cómo conoces que una persona está comprometida con el pacto de Dios? Por el hecho de como sirve a Dios. Ninguna persona de pacto será pasiva estando sentada en una iglesia. Una persona de pacto estará comprometida a servir al Señor.

-**¿Cómo determinar si una vida ha hecho un pacto con Dios?** En la medida de su entrega y servicio a Él.

Marcos 9:35 [RVR1960]

...Entonces él se sentó y llamó a los doce, y les dijo: Si alguno quiere ser el primero, será el postrero de todos, y el servidor de todos.

Hoy en día muchos quieren ser grandes para que lo sirvan y no para servir. En el Reino de Dios es diferente, cuando más grande eres más te entregas a servir a los demás.

Marcos 10:43 [RVR1960]

Pero no será así entre vosotros, sino que el que quiera hacerse grande entre vosotros será vuestro servidor.

En el pacto hay dos partes, lo que Dios va hacer y lo que tú tienes que hacer.

Cuando estas comprometido en el pacto con Dios es imposible fallarle y desobedecerle. La gente que ha sido infiel en el servicio a Dios es aquella que no ha tenido el amplio conocimiento de lo que es el **pacto revelado.**

CAMINANDO BAJO EL NUEVO PACTO

Gracias a Dios por el Nuevo Pacto, porque si todavía viviéramos bajo la antigua ley ninguno estaría vivo hoy. La ley de Dios fue escrita para que el hombre supiera lo que es pecado; si no hubiera ley no habría conocimiento del mismo.

La Ley de Moisés fue dada para obedecerla, le agradara o no a la gente; la paga de la desobediencia era la muerte.

Aún hoy sigue siendo lo mismo desde el punto de vista del pecado, *"...la paga del pecado es muerte, mas la dádiva de Dios es vida eterna en Cristo Jesús Señor nuestro".* Romanos 6:23.

Todo el que respira sin Cristo está muerto en sus delitos y pecados; me refiero a la muerte espiritual.

El hombre nunca jamás pudo obedecer a Dios por su propia cuenta y no encontró paz por medio de la ley. Pero en este nuevo acuerdo establecido entre el Padre, Jesús el Redentor, y el Espíritu Santo, Dios estableció un Nuevo Pacto que otorga compromisos y beneficios de una manera diferente. Dios lo explica de esta manera:

"…Porque seré propicio a sus injusticias, Y nunca más me acordaré de sus pecados y de sus iniquidades. Hebreos 8:12. Este texto se refiere cuando Jesús estableció el Nuevo Pacto, alcanzó a Israel y a los gentiles.

El Nuevo Pacto no se trata de leyes escritas en tablas de piedra, sino leyes escritas en el corazón humano. En el Nuevo Pacto Dios dice que "nunca más" se acordará de tus pecados e iniquidades. Eso te da evidencia a ti, **por eso no debes permitir que nadie te recuerde tu pasado y mucho menos que el enemigo te lastime recordándote cosas que hacías antes de pertenecer a este Nuevo Pacto hecho en su sangre.**

Tu no le puedes decir a Dios: *"Si tú haces eso, te sirvo… si Tú me sanas, te sirvo"* ¿y qué pasaría si en la divina voluntad del Creador, no te sanaras? Recuerda, Dios es soberano. Hay gente que dice… *"si Dios me contesta esta petición, yo le voy a dar todo lo que gane al Señor…"* y cuando cobran no le dan ni un centavo, para su obra.

Es mejor que no digas nada y no prometas nada a Dios, no seas apresurado en hablar y pactar con Dios. Tu compromiso y fidelidad con Él, debe ir más allá de un simple arranque emocional.

Muchas veces los creyentes creen que Dios va accionar respuestas a su favor por lo que ellos hacen, olvidando que es por lo que Dios hizo a favor de ellos.

En el pacto con Dios Él dice: *"Yo hare esto, Yo he prometido esto…por consiguiente tu harás lo siguiente…"*, *"Yo te voy a bendecir, pero tú me tienes que obedecer"*. Tu obediencia trae la bendición de Dios sobre tu vida.

El hombre no tiene que hacer nada para perfeccionar el sacrificio de Cristo, fue hecho y es perfecto. No hay nada que agregar ni ajustar y mucho menos corregir. Tu vienes a Jesús, lo aceptas como tu Señor y salvador al rendirte a Él por completo y le dices: *"Gracias Señor porque lo hiciste todo por mí"*.

Tu salvación no depende de un hombre, sino de lo que Jesús hizo hace dos mil años en la cruz. Lo que debes hacer es creer y descansar en Él. El pacto mismo depende de la grandiosa promesa: *"No me volveré atrás de hacerles bien"*.

En este pacto Dios ha comprometido su Palabra, Él lo ha hecho y es fiel para cumplirlo. El apóstol Pablo estaba en lo correcto cuando escribió, "que Dios nos haga aptos para hacer su voluntad". Jesús desea que aquellos por los que Él murió sean santificados y purificados en Él. **Para que sean hechos aptos para hacer su voluntad.**

*²⁰ Y el Dios de paz que resucitó de los muertos a nuestro Señor Jesucristo, el gran pastor de las ovejas, por la sangre del pacto eterno, ²¹ os **haga aptos** en toda obra buena para que hagáis su voluntad, haciendo él en vosotros lo que es agradable delante de él por Jesucristo; al cual sea la gloria por los siglos de los siglos. Amén.*

El *pacto eterno* se refiere al Nuevo Pacto en su sangre, que ahora es eterno, (en un sentido futuro) comparado al *pacto mosaico* que era temporal y ya había sido abrogado.

Debes servir a Dios con actitudes correctas, para que seas apto para su servicio. La frase *os haga aptos*, se traduce *"me preparaste"* para toda buena obra. En griego es /*katartizō*/ se refiere a la edificación de los creyentes, porque el verbo alude a la noción de equipar por medio de ajustar, moldear, restaurar y preparar.

Estamos leyendo que el Buen Pastor es el que te ajusta y te hace idóneo, te capacita para hacer su voluntad, es Él que produce en ti todo lo bueno que a Él le agrada.

2 Timoteo 2:2 ^{RVR1960}

Lo que has oído de mí ante muchos testigos, esto encarga a hombres fieles que sean idóneos para enseñar también a otros.

Dios prepara y capacita pero busca corazones disponibles para enseñar a otros.

La palabra *idóneo* significa: *"suficientes en habilidad"*; tú debes entender que Dios te va a preparar, capacitar y serás idóneo para servir a Dios.

Es mejor que seas fiel sirviéndole a Dios en un ministerio, en lugar de pasearte por diez ministerios en tu iglesia local y que no sirvas a cabalidad en ninguno. No digas: "no puedo, no soy idóneo, no estoy capacitado", si eres una persona de pacto, el gran *Pastor de las ovejas* te hará apto para toda buena obra. La gente de pacto no es inestable, más bien permanece firme, es idónea, capacitada y preparada por el Espíritu de Dios, porque sabe que debe ser *fiel* en cualquier lugar donde lo coloquen, pues tienen un compromiso de pacto con Dios. **La gente de pacto tiene que anhelar ser ascendida espiritualmente.**

La gente de pacto no se molesta cuando es cambiada de lugar en el ministerio, porque ellos saben que nada les pertenece y que en el Reino de Dios no hay *"reinos personales"*.

Tú no puedes pensar que estarás sirviendo a Dios en la misma posición de por vida, hasta que mueras. Nunca te enorgullezcas de tu posición; debes estar preparado para los movimientos estratégicos que Dios hace, porque la gente de pacto es gente de movimiento. Por eso, debes pedirle sinceramente a Dios ser calificado, adaptado, y adecuado para su obra y Él te ubicará en el llamado ministerial que ha escogido para ti, así podrás ser usado por Dios para *el cumplimiento pleno de su voluntad.*

Algunos quieren correr sin tener la habilidad y volar sin tener alas; pero primero deberian dejar que les crezca el plumaje para que desarrollen vuelo en las alturas, y asi puedan estar calificados para volar en lugares altos.

Dios te tiene que adaptar para que seas apto para hacer la voluntad de Él.

Cuando ames hacer la voluntad de Dios, serás santificado, porque la voluntad de Dios es el centro del éxito y la victoria. Cada uno es santificado para Él en el cumplimiento de esa voluntad y ya no será tu deseo, sino el de Dios.

Lo primero que debes entender es que te convertirás en una vasija adecuada para ser usada por Dios. Dios no te puede usar si no te da forma, te adapta, te perfecciona y prepara para lo que vas hacer.

Dios te está moldeando y puede ser que digas: *"¿Dios…para que me haces de esta forma?"* y Él te dice: *"calla, porque Yo sé lo que hago, tú no lo entiendes, pero Yo sí sé lo que estoy haciendo en ti"…* y aunque algunas veces te sientas molesto cuando Él te esté adaptando y moldeando para ser su vasija de gloria, mantente firme porque Dios está trabajando contigo. No te resistas, Dios te va a formar conforme a su santo propósito, pues Él quiere hacerte un instrumento idóneo y correcto por sus manos divinas.

Tú eres apto para servir a Dios no por tus méritos personales sino por la gracia de Dios en su pacto.

Los dones que tienes son por el favor de Dios en tu vida, y te ha adaptado a un llamado a través de la limpieza y separación que se logra solo con su preciosa sangre. Hay gente que quiere ser adaptada y preparada sin haber sido limpiada con la sangre de Cristo. **Hay personas que solo les interesa ser reconocidas y tener posiciones,** pero no disciernen que el pacto que se hace con Dios, es para ser un vaso limpio para su servicio.

El Espíritu Santo te dice: *"Yo te estoy preparando para algo que jamás has imaginado… No te preocupes por lo que Yo estoy haciendo en otros, más bien preocúpate por lo que yo estoy haciendo en ti."* Si sientes opresión y te molestas porque Dios te está corrigiendo en alguna área, Él te dice: *"No pelees conmigo, no discutas conmigo, no pongas resistencia a lo que Yo voy hacer. Si eres un hombre o mujer de pacto te vas a rendir a Mi voluntad, te sentiras bien el resto de tus días, y no tendras temor, duda, o incredulidad; te vas a sentir feliz por lo que eres, y por la manera en que estoy trabajando contigo. Algunas veces tendré que trabajar con tu carácter difícil, pero lo iré adecuando al funcionamiento de Mi llamado en ti. Muchas veces tengo que trabajar con tus pensamientos, porque son muy fuertes. Te voy a mostrar que la obra es mía y nada es tuyo, todo me pertenece a mí, tú me perteneces. Y te adapto conforme al modelo de Mi voluntad".*

La Señal Interna y Externa de la Sangre de Jesús

Éxodo 29:20 *RVR1960*

Y matarás el carnero, y tomarás de su sangre y la pondrás sobre el lóbulo de la oreja derecha de Aarón, sobre el lóbulo de la oreja de sus hijos, sobre el dedo pulgar de las manos derechas de ellos, y sobre el dedo pulgar de los pies derechos de ellos, y rociarás la sangre sobre el altar alrededor.

En tres partes tenía que ser ungido el Sumo Sacerdote Arón (que ministraba en el tabernáculo de reunión) con sus hijos:

1. Sobre el lóbulo de la oreja derecha.
2. Sobre el dedo pulgar de la mano derecha.
3. Sobre el dedo pulgar del pie.

De la misma manera que en todo tu ser: tu alma, cuerpo y espíritu, es puesta la marca de la sangre de Jesús. Eso denota que cada miembro de tu cuerpo, fue separado para Dios. Una vez perdonado, no volverás a recordar tu pasado otra vez, porque la sangre de Cristo ha borrado totalmente tus pecados.

El Apóstol Pablo enfatiza esta temática diciendo:

Romanos 6:13,19 *RVR1960*

...ni presentéis los miembros de vuestro cuerpo al pecado como instrumentos de iniquidad, sino presentaos vosotros mismos a Dios como vivos de entre los muertos, y vuestros miembros a Dios como instrumentos de justicia.

Cada parte de nuestro cuerpo esta separada y justificada del pecado por la sangre de Cristo.

Si Dios borró todos tus pecados, (cuando te arrepentiste), ¿Por qué siempre el recuerdo de ellos te trae condenación?

Si tú das testimonio de Dios a los hombres, puedes estar seguro que Dios hará lo mismo contigo. ¡Dios cuida de su propiedad! Tienes que estar seguro que le perteneces a Dios pues le has costado demasiado caro, como para que te pierdas. Jesús se hizo cargo de tu vida, y nada te puede suceder si vives bajo su cubierta.

Salmo 91:1 ^{RVR1960}

"El que habita al abrigo del Altísimo morara bajo la sombra del Omnipotente".

Esta es la gran protección de Dios en la vida de sus hijos.

LECCIÓN 4
CUANDO LA VOLUNTAD ES RESCATADA

Los Siete Lugares Donde Jesús Derramó Su Sangre

La Biblia dice que el Sumo Sacerdote una vez al año ofrecía un sacrificio de sangre; para rociarla sobre el arca siete veces con ella. Ese acto perdonaría el pecado del pueblo.

Levítico 16: 14-15, 18-19, 21 *RVR1960*

[14] *Tomará luego de la sangre del becerro, y la rociará con su dedo hacia el propiciatorio al lado oriental; hacia el propiciatorio esparcirá con su dedo siete veces de aquella sangre.* [15] *Después degollará el macho cabrío en expiación por el pecado del pueblo, y llevará la sangre detrás del velo adentro, y hará de la sangre como hizo con la sangre del becerro, y la esparcirá sobre el propiciatorio y delante del propiciatorio…* [18] *Y saldrá al altar que está delante de Jehová, y lo expiará, y tomará de la sangre del becerro y de la sangre del macho cabrío, y la pondrá sobre los cuernos del altar alrededor.* [19] *Y esparcirá sobre él de la sangre con su dedo siete veces, y lo limpiará, y lo santificará de las inmundicias de los hijos de Israel…*

Las cosas que sucedían en el Antiguo Testamento, eran sombra de las que tenían que suceder en el Nuevo Testamento.

Esa sangre que era rociada en *el propiciatorio*, tendría que ser esparcida siete veces después (el número siete tiene que ver con abundancia, plenitud e integridad). El lugar donde el sacerdote colocaba la sangre era sobre el propiciatorio, cuya palabra en hebreo es /kapporeth/ que es la tapa o cubierta del arca de la alianza. En *el propiciatorio* estaban esculpidos en oro dos ángeles querubines, en donde la gloria de Dios descendía y los envolvía.

Rociados Por Su Sangre

La palabra "rociar" en el original hebreo es /zaraq/ y significa: arrojar, regar, tirar, lanzar, esparcir ampliamente. En el Antiguo Testamento esta palabra es mencionada treinta y cinco veces, y de ellas hay veinte seis que tiene que ver con rociar la sangre sobre el altar del sacrificio y propiciatorio. También se encuentra la palabra rociar en griego y es la raíz /rantismos/ y es rociamiento, aspersión o esparcimiento.

Así como el sacerdote tenía que rociar siete veces sobre el propiciatorio, así mismo Jesucristo derramó su sangre en siete oportunidades diferentes. Jesús como cordero de Dios y a la vez como Sumo Sacerdote, hizo un sacrificio perfecto.

En cada uno de esos lugares Jesús rompió las diferentes maldiciones en que la raza humana había caído. En cada una se puede contemplar la obra maravillosa de Cristo.

La sangre de Jesús es el medio por el cual el Padre Eterno ha roto las maldiciones para hacerte libre del pecado, la rebelión y la iniquidad, y que seas perdonado por completo.

En el tabernáculo, también habían siete lugares donde la sangre era colocada para bendición del pueblo.

LA PRIMERA VEZ QUE JESÚS DERRAMÓ SU SANGRE

- La primera vez que Jesús derramó su sangre, fue en el Jardín del Getsemaní.

Lucas 22:44 RVR1960

*...Y estando en agonía, oraba más intensamente; y era su **sudor** como grandes gotas de sangre que caían hasta la tierra.*

El jardín del Getsemaní era un lugar que Jesús frecuentaba con sus discípulos para orar. Estaba lleno de árboles de oliva y quedaba a la ladera del monte de los olivos, frente al templo, en Jerusalén.

¿Qué significa Getsemaní? La palabra significa: "prensa de aceitunas".

Antiguamente la aceituna una vez recogida era colocada en canastos para ser prensada. Para ello se utilizaba la forma más tradicional de prensarla, y era por medio de una inmensa roca que rodaba sobre las aceitunas para comprimirlas hasta moler la pulpa completamente; bajo esa enorme presión era triturada hasta escurrir su aceite.

Lucas expresa con detalles el gran sufrimiento que Jesús tuvo en el Getsemaní, comparándolo con la oliva cuando es prensada, siendo totalmente quebrantado y despojado de su humana voluntad. Allí su alma fue molida, como figura del proceso de la oliva. Cuando Jesús estaba en el jardín del Getsemaní, clamó y pidió al Padre que lo librara del sufrimiento de la muerte, pero que si no era su voluntad, Él tomaría la copa y la bebería obedientemente.

La palabra /gat/ es un lugar para prensar aceite, y la palabra /shemar/ significa aceite.

En la estación de la primavera temprana, las aceitunas crecen en casi todas las regiones donde no llueve, y por tal razón se convierten en el símbolo del Mesías y de la nación de Israel, en el sentido espiritual de lo que se está explicando ahora. El aceite era importante porque se usaba para ungir (aceite de la santa unción) y para dar luz a la mecha del candelabro del Templo. Jesús es la luz del mundo.

El pueblo traía aceitunas durante el pentecostés, para testificar que era /Adonai/, el Señor quien les daba la cosecha, y no los dioses paganos que tenían otras naciones.

El aceite se usaba para ungir, para sanar, para los alimentos, para el cuidado de la piel, para encender la luz en el templo, para protegerse del sol, y más. **El aceite simboliza honor, ofrenda quemada al Señor, amor, gozo y fiesta.**

EL MESÍAS, EL CRSTO, EL UNGIDO

El Mesías significaba para Israel: *"el ungido con aceite puro de oliva"*, es decir: *ungido con aceite de la primera prensada*, simbolismo de lo que era la unción de Dios. En otras palabras, a la vez que Jesús estaba siendo prensado en el Getsemaní, también estaba siendo ungido por el Padre, para salir victorioso de esa difícil situación. Si no hubiera sido por esa prensa, y el quebrantamiento que en ese lugar se produjo en Él, no hubiera sido capaz de llegar al sufrimiento de la cruz y de entregar su vida por el pecado de la humanidad.

¿Cómo salen nuevos retoños a la planta de la vid? Cuando Dios te poda, aunque te duela, vuelves a producir fruto. Es ahí cuando salen nuevos retoños como resultado. Del Mesías se profetizó que sería un nuevo retoño.

Recuerda, si Jesús no hubiera sido prensado como oliva nueva, no habría salido un vástago del gran árbol.

Isaías 11:1 NTV

Del tocón de la familia de David saldrá un brote. Sí, un Retoño nuevo que dará fruto de la raíz vieja.

Jesús era de Nazaret, cuya palabra en hebreo es /neser/ y significa rama, igual que la rama que sale al ser podado el olivo.

Cuando el Padre permitió por un momento, que Jesús fuera prensado, y la rama fue podada, en ese momento estaba saliendo un renuevo, que eras tú, y todos los que forman parte de la Iglesia de Cristo.

El primer lugar donde Jesús nos rescató fue en el huerto de Getsemaní.

¿Qué paso allí? Se recuperó la voluntad que el hombre había perdido. En este lugar miles de años atrás, Adán y Eva habían entregado la voluntad al pecado y a la desobediencia. Ellos fueron creados por Dios y mientras su voluntad estaba sometida a Dios, no les falto nada. Tenían bendición de toda clase, pero la mujer fue engañada por la serpiente, y el hombre desobedeció directamente a Dios. La serpiente engañó a Eva porque con quien conversó fue con ella, pero al hombre, lo que le hizo perder su voluntad fue la desobediencia, prefirió entregarla al deseo, al anhelo, a lo que él quería en ese momento, en lugar de mantenerse firme en la voluntad perfecta de Dios.

Satanás logró robar al hombre la vestidura, que es *la cobertura de Dios*, quedando desnudo, descubierto y sin protección. No porque Dios tenga la culpa, sino porque el mismo decidió renunciar a la voluntad de Dios escogiendo su propio deseo y voluntad; y sin darse cuenta la sometieron a Satanás. Lo que le da el derecho de perder la cubierta original es la desobediencia. Cuando se menciona la palabra *"redimido"* no solo tiene que ver con rescatado, sino con volver al punto de origen por el que el hombre fue creado.

En el segundo huerto, en el jardín del Getsemaní, Jesús recuperó la cubierta original que el hombre había perdido.

Con esa preciosa sangre Él tenía el derecho legal de recuperar la voluntad perdida en el hombre, por causa de la desobediencia del primer hombre llamado Adán.

Dios no te creó para que seas esclavo de Satanás, o para que seas atormentado por las obras de las tinieblas y del pecado; Dios te creó para que seas vencedor, capaz de engrandecer su Nombre.

Cuando Jesús se encontraba en el Getsemaní peleando la buena batalla de la fe, estaba restaurando la voluntad perdida del hombre. Cuando decides obedecer a Dios, eres rescatado de la desobediencia y Dios te vuelve al estado original por el cual Dios te creo: ¡Ser un hijo de Dios! ¡Si crees, se cumplirá en ti!

ENTREGANDO LA VOLUNTAD HUMANA A DIOS

La fuerza de la voluntad que no está entregada a Dios está controlada por los deseos de cada uno. Cuando no se tiene fuerza de voluntad o auto dominio, las cosas externas te van controlando.

El problema no se soluciona diciéndole a una persona que no haga esto o lo otro; (lamentablemente no es tan fácil cambiar la mente de una persona) **él mismo, debe entregar su voluntad a Dios por convicción propia, para que pueda caminar en el propósito por el cual fue creado.** Cuando el hombre pierde la fuerza de voluntad para hacer lo que él cree que es lo mejor para su vida, ahí se dejará guiar por sus pasiones desordenadas.

¿Puedes notar la gran diferencia? la fuerza de voluntad se perdió en el Edén, mientras que Jesús la recuperó en el Getsemaní.

Recuerda: cuando Él declaró: *"No sea hecha Mi voluntad sino la tuya Padre..."* recuperó la voluntad perdida, para todos los hombres que creyeran en Él.

¿QUÉ PASABA EN EL GETSEMANÍ?

¿A qué se refiere el escritor del evangelio de Lucas cuando habla de gotas de sangre como sudor? Cuando alguien está pasando por un momento de temor o de una agonía muy intensa o una desesperación muy profunda, los vasos sanguíneos se pueden romper debajo de la piel, de manera que la sangre comienza a salir por los poros en forma de sudor. La Biblia dice que de Jesús salió sudor y sangre.

Es ahí en ese lugar donde Jesús recuperó la fuerza de voluntad para todo aquel que cree en Él.

Es por el poder de la Sangre de Cristo que se tiene la fuerza para recuperar la voluntad que se ha perdido por problemas como la droga, alcohol, ira, enojo, violencia, depresión, mal carácter, raíz de amargura, resentimiento y glotonería.

Todo lo que oprime el alma del hombre puede ser restaurado cuando él decide creer que Jesús recuperó la voluntad perdida en el Getsemaní.

- **Cuando el enemigo te diga que puedes ganar dinero fácil como lo hacen los demás, dile:** *"...mentiroso, engañador, te reprendo en el Nombre de Jesús y cubro mi* *mente en la Sangre de Cristo y a mi voluntad del alma para agradarle a Él, porque mi Señor me ha redimido para entregar mi vida en sus manos divinas".*

- **Cuando el enemigo te diga no puedes pasar a nuevos niveles espirituales,** debes tener la fuerza de voluntad necesaria para levantarte en victoria por medio de Jesús. Aplica la Sangre de Cristo en tu voluntad.

- **Cuando el enemigo te esté lanzando dardos a tu mente para que caigas en la tentación, ora a Dios y dile:** *"Señor en el Getsemaní ganaste la batalla por mí, tu sudor eran gotas de Sangre preciosa que se derramaron saliendo de tu cuerpo; pero ahora yo he sido redimido, y por medio de ese perfecto poder de victoria y de autoridad, yo rindo mi voluntad para hacer lo que Tú quieres que yo haga para engrandecer Tu nombre."*

Todo lo que tienes que hacer es sencillo, proclama la Sangre de Jesús y aplícala sobre tu vida para que Satanás no gane, sino que se haga la voluntad de Dios, aunque tengas que ir a la cruz y morir una y otra vez, negándote a ti mismo.

Si estás dispuesto a someterte a la voluntad de Dios, Él estará contigo para que actúes y camines en su voluntad divina. No puedes permitir que el enemigo te controle… si eso te está sucediendo, es porque aún no has entregado tu voluntad a Dios por completo.

Si el enemigo juega contigo, es porque tu voluntad no ha sido entregada en las manos del Dios Todopoderoso.

Cuando una persona decide entregar su voluntad a Dios, la unción que viene sobre él será poderosa, y no importa lo que trate de venir sobre esa persona, porque estará amparada y protegida por algo tan especial, que es la misma unción de la Gloria de Dios.

La Sangre de Jesucristo te ha devuelto tu voluntad, te ha colocado la posición original en la que Dios te ha creado. Jesús ha roto con la maldición del pasado que impedía que fueras libre, y cuando decidas romper con esas maldiciones que habían en tu vida, el Poder de la Sangre de Jesús te fortalecerá y no seguirás siendo un esclavo, sino que serás una persona libre por el poder y la autoridad de su Palabra y podrás decir:

"Y ellos le han vencido por medio de la Sangre del Cordero, por la Palabra del Testimonio, y porque menospreciaron sus vidas hasta la muerte."

LECCIÓN 5
UNA CORONA DE ESPINAS TE LIBRA DE LA RUINA

Jesús vino a la tierra para acercarte a Dios por medio de su muerte. Primeramente para que fueras salvo través de la fe en Él, y segundo para que recuperaras el estado original que Adán y Eva perdieron en el huerto del Edén por la desobediencia.

Mateo 27:29 RVR1960

29 y pusieron sobre su cabeza una corona tejida de espinas, y una caña en su mano derecha; e hincando la rodilla delante de él, le escarnecían, diciendo: !!Salve, Rey de los judíos!

Génesis 3:17 RVR1960

17 Y al hombre dijo: Por cuanto obedeciste a la voz de tu mujer, y comiste del árbol de que te mandé diciendo: No comerás de él; maldita será la tierra por tu causa; con dolor comerás de ella todos los días de tu vida.

La primera pareja gozó de la abundancia, bienes, misericordia y bondad de Dios, hasta que tristemente cayó en pecado. La humanidad cargo con las consecuencias de este agravio delante de Dios; hasta que llegó Jesús para redimir a la humanidad del yugo del pecado por medio de su muerte en la cruz, y de su sangre derramada, la cual limpia toda maldad e iniquidad de los corazones.

En el huerto no había enfermedad ni pobreza. Cuando Adán obedecía a Dios ellos tenían todo lo que necesitaban.

Vivían literalmente en una tierra donde fluía leche y miel. Dios no creó al hombre y a la mujer para maldecirlos, sino para bendecirlos; pero el pecado trajo como consecuencia un estado de maldición.

Recordemos esto: Dios no nos creó para ser malditos, pero el pecado abrió esa puerta sobre la humanidad.

Cuando Adán desobedeció a Dios, cayó en maldición y Dios tuvo que declarar juicio sobre su vida; y es ahí cuando el pecado vino también sobre la tierra a consecuencia de su transgresión. Aquí no solo fueron afectados los hombres, sino los animales, la tierra, la forma como el hombre ganaría el fruto de su trabajo.

Y al hombre dijo: Por cuanto obedeciste a la voz de tu mujer, y comiste del árbol de que te mandé diciendo: No comerás de él; maldita será la tierra por tu causa; con dolor comerás de ella todos los días de tu vida.

Antes de Adán pecar, no estaba decretado que la tierra produjera espinos y cardos; estos comenzaron a germinar como consecuencia de la maldición.

CRISTO NOS LIBRA DE LA RUINA Y NOS LLEVA A LA PROSPERIDAD

Todo aquel que ha recibido a Cristo en su corazón, ha sido redimido, rescatado y vuelto al lugar original en el que Dios creó al hombre. **Lo que redimió al hombre del pecado y lo devolvió a su estado original, fue la sangre de Cristo.** Hay un antes del pecado y un después del pecado. La sangre de Cristo trae redención del pecado y de la maldición que este produce.

Si no se reconoce que la sangre de Cristo tiene el poder para redimir la vida y su entorno de la maldición; toda la tierra seguirá bajo ese efecto. Cuando Adán pecó ya no pudo seguir viviendo bajo el efecto de la abundancia y le toco sobrevivir con sudor, fatiga y cansancio extremo.

Desde ese día hasta hoy, al hombre le ha tocado sudar por todo lo que se ha ganado en la vida.

Jesús derramó su sangre siete veces y la segunda vez que lo hizo fue en su sien y en su frente, por causa de la corona de espinas que le colocaron en la cabeza.

Los soldados romanos hicieron la corona de las zarzas que encontraron en el camino. El acto era, mofarse y burlarse de Él diciendo que iban a coronar al rey de los judíos. Esta corona no fue de oro y diamantes, de hecho, causaba dolor y ridiculez, pero fue la única que al derramar la sangre te hizo libre de la maldición de la pobreza.

UNA CORONA DE ESPINAS

Las espinas de las zarzas median entre 8 a 10 cm. y su espesor era de 1 cm. Una vez que le incrustaron la corona de espinas, ahora no era el sudor de sangre lo que le salía de su frente, sino pura sangre. La corona de espinos era el símbolo de la escases, pobreza y miseria. Esta fue colocada sobre la cabeza de Jesús, representando el pecado, la maldición de la tierra (*…espinos y cardos te producirá…Génesis 3:18*), y lo único poderoso para romper esa maldición, no fue la corona de espinos, sino la sangre de Cristo.

Cuando los espinos traspasaron la cabeza de Jesús, estaban liberando a la humanidad de la maldición de la pobreza. El hombre había recibido la miseria por el pecado de Adán, pero ahora estaba recibiendo la redención de la pobreza, por medio de la corona de espinas puesta en Jesús.

Esta promesa llegaría a todos lo que creyeran en esa sangre. Lo que Satanás quiso usar para mal, Dios lo usaría para el bien de los que le aman. Cuando los soldados tomaron esas espinas (sin saberlo) estaban haciendo un acto profético.

Por el poder de esa sangre no solo quedo roto el poder de la maldición de la pobreza, sino que los que hoy reclaman su sangre son ungidos para ser libres aún de la negatividad, del fracaso, la derrota y todo maldad que el enemigo haya colocado por medio de los pensamientos cautivantes en lo más profundo de la mente de cada ser humano.

2 Corintios 8:9 ^{RVR1960}

Porque ya conocéis la gracia de nuestro Señor Jesucristo, que por amor a vosotros se hizo pobre, siendo rico, para que vosotros con su pobreza fueseis enriquecidos.

Al nacer Jesús en un pesebre, no fue para enseñarnos pobreza, porque Jesús no era pobre. Él venía de la inmensidad del cielo donde había riquezas y abundancia de todas las cosas. **Si tú recogieras todas las riquezas de la tierra, no se compararían a todo lo que Jesús tenía en el cielo.** José no era una persona pobre que no tuviera como pagar un hostal para que su esposa diera a luz, sino que todos los lugares estaban ocupados; y con eso quedó demostrado que el hombre es muchas veces demasiado egoísta como para darle a Jesús un lugar en su vida y corazón.

ABUNDANCIA PARA QUIEN LA QUIERA

Juan 10:10 ^{RVR1960}

El ladrón no viene sino para hurtar y matar y destruir; yo he venido para que tengan vida, y para que la tengan en abundancia.

Tener vida en abundancia significa que vas a vivir en la tierra expectante, no solo del ahora sino de la eternidad. ¿Para quienes están preparadas las riquezas? ¿para el pecador, o para los justos? Todo creyente redimido por la sangre de Cristo tiene hecho un pacto de sangre con Jesús para pasar de la maldición de la pobreza a una vida abundante. Tienes que estar listo para recibir todo lo que Dios dijo que debías tener. ¿De dónde proviene la pobreza, de Dios o del diablo? La escases trae miseria, la miseria es la causa del pecado.

Malaquías 3: 10 ^{RVR1960}

Traed todos los diezmos al alfolí y haya alimento en mi casa; y probadme ahora en esto, dice Jehová de los ejércitos, si no os abriré las ventanas de los cielos, y derramaré sobre vosotros bendición hasta que sobreabunde.

- **¿Por qué Dios dice que va abrir las ventanas de los cielos?**

La palabra ventana, en el original hebreo es "compuertas". El texto correcto, debería ser así: *"abriré las compuertas de los cielos"* en lugar de "ventanas". Las compuertas de los cielos siempre permanecerán cerradas cuando las personas no le dan a Dios lo que le pertenece; Dios dijo: *probadme en eso.* A Dios le place derramar muchas bendiciones sobre sus hijos, porque Él es bueno y lleno de misericordia. ¡Pruébalo y recibirás su bendición! El segundo significado de la palabra compuerta en hebreo es, emboscada; es decir: "probadme en esto, y prepararé emboscada, contra ese enemigo que te ha detenido mi bendición".

Dios preparará emboscada con sus ángeles para proteger tu cosecha, tus bienes, de todo ataque de maldad.

Anteriormente algunos concilios mantenían la doctrina que la pobreza es el símbolo de la humildad del cristiano. Debes de entender, que la pobreza forma parte de una maldición y no es la voluntad de Dios padecer necesidad sin causa. Jesús enseñó: ***"dad, y se os dará, buena medida, apretada, remecida y rebosada".***

¿Por qué hay gente que siempre le gusta recibir y nunca le gusta dar nada? Cuando aprendas a dar de lo poco que tienes, recibirás lo mucho que el cielo tiene reservado para ti, y nunca quedarás escaso; ¡Dios bendice la mano dadora! ¡Dios no sufre de déficit ni está en bancarrota!

Salmo 50:12 ^{RVR1960}

Si yo tuviese hambre, no te lo diría a ti; Porque mío es el mundo y su plenitud.

La pobreza no debe ser parte de ti, por eso no debes aceptarla, porque no proviene de Dios. La bendición si es parte del plan de Dios, si eres dador y un sembrador agradecido, siempre recogerás a su tiempo la abundancia que te hará próspero.

El enemigo en la Palabra de Dios es reconocido como un ladrón. A veces no es que Dios no te quiere bendecir, es que el ladrón te está robando el fruto y tú no lo sabes reprender.

Cuando tu reconoces que eso no puede ser parte de tu vida cristiana; (porque eres un hijo de Dios bajo Pacto) debes pelear la batalla de la fe, y comenzar a reclamar las promesas de bendición de prosperidad y abundancia que Dios tiene para tu vida. **Recuerda**: ¿Le dio Jesús a Pedro, una pesca miserable o una pesca abundante? La red se rompía de tantos peces ¿verdad? así es Dios de bueno.

LA BENDICIÓN DEL TRABAJO

Hay gente que cree que el trabajo es una maldición porque no proviene de Dios; (quizás por eso existen los perezosos que no les gusta trabajar). Cuando Adán fue puesto en el huerto del Edén, era para que lo trabajara y viviera de ello en abundancia; mas sin embargo, cuando Adán dejó de hacer lo que tenía que hacer, cayó en desobediencia. No dejes de trabajar porque Dios te da las fuerzas para hacerlo, ni dejes de trabajar para Dios, porque eso te da la bendición del cielo y la lluvia a su tiempo.

Así que si eres fiel en tu trabajo, guardas tu testimonio, y al dar tus diezmos y ofrendas, serás prosperado con la bendición de Dios

El mundo funciona a base de *mamón*, el dios de las *riquezas pasajeras de este mundo* y muchos son los que hacen pacto con Satanás para conseguirlas, pero su alma cae en desgracia y cautividad, bajo la prisión de sus garras.

En cambio los creyentes funcionan a base de la ley de la redención, y la prosperidad de las *"riquezas duraderas"*. Con la sangre derramada de Cristo en su frente (por causa de la corona de espinos), Cristo te redimió de la maldición de la pobreza quedando rota para siempre en tu vida.

Si eres fiel a Dios en tus diezmos y ofrendas, Él dice que reprenderá por ti, al devorador de tus finanzas. El devorador tratará de sorprenderte, pero Dios emboscará al devorador.

LECCIÓN 6
LA ESPALDA FLAGELADA PARA DAR SANIDAD

El tercer lugar donde Jesús derramó su sangre fue en el patio donde lo flagelaron los soldados romanos por orden del procurador Poncio Pilatos. Esto sucedió cuando ellos lo torturaron, azotándolo treinta y nueve veces antes de ir a la cruz. Cada vez que ese látigo lo golpeaba, desgarraba su carne, haciendo que brotara sangre de su espalda.

Isaías 53:4 RVR1960

Ciertamente llevó él nuestras enfermedades, y sufrió nuestros dolores; y nosotros le tuvimos por azotado, por herido de Dios y abatido.

Mateo 27:26 RVR1960

… y habiendo azotado a Jesús, le entregó para ser crucificado.

Cuando los romanos azotaban a un prisionero era casi para matarlo; en el latigazo número cuarenta había la posibilidad que la persona muriera irremediablemente. Sin embargo como estaba profetizado que Jesús muriera en un madero y no a latigazos, (en esa golpiza infernal), no sucumbió. En ese momento se cumplió la profecía de Isaías cuando dijo:

Isaías 53:4 RVR1960

…Él …sufrió nuestros dolores; y nosotros le tuvimos por azotado, por herido de Dios y abatido.

Cuando los romanos castigaban a los prisioneros con latigazos, estos desgarraban la piel, músculos y tejidos; en cada látigo que le dieron a Jesús se estaba rompiendo la maldición de la enfermedad que había venido como consecuencia del pecado

Se ha comprobado que existen treinta y nueve enfermedades llamadas "básicas" y que de ellas se derivan las demás enfermedades que existen. En cada azote se estaba proporcionando la sanidad para cada enfermedad. Cada una de las enfermedades fue vencida por la Sangre que salía las llagas de su espalda.

¿Qué significa la palabra llaga? La palabra *"llaga"* significa: contusión, raya, herida. Por eso es importante que entiendas que cuando tu oras: *"…por sus llagas hemos sido curados"*, estás proclamando, que por el golpe que desgarró la espalda flagelada de

Jesús, ¡eres sano!

El látigo con el que azotaron a Jesús estaba formado por varias tiras de cuero sueltas o trenzadas, de diferente largo, en el cual tenían atadas a intervalos bolitas de hierro o pedazos afilados de hueso de oveja, con un pedazo de plomo en la punta. Cuando el soldado romano azotaba vigorosamente la espalda de Jesús las bolas de hierro causaban contusiones profundas y las tiras de cuero con huesos de oveja cortaban la piel. ¡Su espalad estaba hecha una llaga! **Algunos niegan que hoy Dios pueda sanar, sin embargo, en Hebreos está escrito:**

Hebreos 13:8 ^{RVR1960}

Jesucristo es el mismo ayer, hoy y por los siglos de los siglos.

El negar que Jesús sane hoy, es invalidar todo lo que Jesús sufrió en su cuerpo, cuando tomó nuestro lugar y sufrió los azotes hasta hacerse llaga. No lo puedes negar , porque si lo haces estas rechazando que el pacto de Jesús fue verdadero. Mientras que sabes que Jesús es la verdad de Dios.

La redención, no solo tiene que ver con ser perdonado, sino con ser sanado. La salvación es en todo sentido, sanidad integral.

Jesús se entregó voluntariamente para que el látigo pudiera flagelar su espalda, y como consecuencia de ello, tú y yo fuéramos sanos.

Una de las oraciones que entristece al Señor es cuando le decimos: *"sáname Señor si es tu voluntad…"*. Él no sufrió el látigo de Roma, ni fue flageada su espalda treinta y nueve veces en vano; esas llagas abiertas te dan sanidad cada vez que le creas con todo tu corazón.

Santiago 1:6 ^{RVR1960}

Pero pida con fe, no dudando nada; porque el que duda es semejante a la onda del mar, que es arrastrada por el viento y echada de una parte a otra.

Cuando estés atravesando por un momento de dolor y enfermedad, permanece quieto y sereno delante del Señor. Tu sanidad no está basada en tu esfuerzo personal, sino en lo que Él hizo por ti.

El creyente firme en Jesús es una persona sólida, que sabe quién es su Salvador y lo que Dios hizo por él, por eso no puede ser de doble ánimo.

¿Puede Dios sanarte? Sí y de cualquier enfermedad. Tu sanidad es importante, porque Él hizo un pacto de sangre por ti. El precio de tu sanidad fue pagado hace dos mil años. Lo que tú tienes que hacer es extender tus manos y tomar por fe la sanidad, recibir lo que Él ya hizo por ti en la cruz.

Todo lo que Dios ya hizo por ti, debes apropiártelo y disfrutarlo porque te pertenece.

Necesitas creer que Dios quiere sanarte ahora, pues mientras estés vivo tendrás un cuerpo limitado que se fatiga, y que está constantemente batallando contra virus y bacterias; es en este momento que necesitas la sangre poderosa de Cristo sobre tu vida.

Recuerda que todo te puede fallar, pero tu Padre celestial que manifestó su amor a través Jesús, nunca te fallará y nunca te abandonará.

Cuando te subes a un avión y te sientas en el lugar asignado; ese avión puede ser que este nueve horas en el aire. Tú tienes que tener fe y creer que llegarás sin ningún problema a tu destino final. Aunque no conozcas al piloto, y no sepas si el avión tiene fallas mecánicas o no; te sientas confiado en que todo estará bien. Si eso sucede con un avión y un piloto que no conoces, piensa en cuanto más podrás confiar cuando pones tu vida en las manos de aquel que es el dueño del cielo, la tierra y el mar. Debes confiar en Dios y su Palabra, y creer como un niño en el poder de la sangre de Cristo.

La salvación comienza con el perdón de pecados, pero no se detiene ahí, sigue con sanidad, liberación, libertad, bautismo del Espíritu Santo, prosperidad.

El ser perdonado, es la llave maestra para entrar a gozar lo que viene de ahí en adelante por medio de Jesucristo.

CRISTO EL SANADOR

Lucas 13:10-13 RVR1960

[10] Enseñaba Jesús en una sinagoga en el día de reposo;[11] y había allí una mujer que desde hacía dieciocho años tenía espíritu de enfermedad, y andaba encorvada, y en ninguna manera se podía enderezar.[12] Cuando Jesús la vio, la llamó y le dijo: Mujer, eres libre de tu enfermedad.[13] Y puso las manos sobre ella; y ella se enderezó luego, y glorificaba a Dios.

Esta mujer estaba enferma hacía dieciocho años, por una enfermedad degenerativa en los huesos de la espalda, quizás sufría de distrofia muscular; pero a Jesús no le importó el diagnóstico médico; Él la vio y dijo: *"Mujer, sé libre de tu enfermedad."* Cuando el

Señor vio a la mujer, no le hablo a ella, le hablo al espíritu de enfermedad, el cual le estaba originando ese problema.

Muchas veces no tenemos que orar, sino más bien hay que hablarle de frente al problema espiritual que está causando la atadura o enfermedad específica, primeramente atarlo y luego ordenarle en el Nombre de Jesús que se tiene que ir inmediatamente de ese cuerpo.

Si estás pasando ahora mismo por una prueba de dolor y enfermedad, te animo que pelees la batalla de la fe; aprópiate del derecho legal que te corresponde, y ora para que por la llaga en su espalda flagelada, seas sano. Él llevó tu dolor, tu azote, tu enfermedad, tu herida, y tú no tienes por qué seguir cargándola. Esto es una cuestión de fe.

No te enojes con Dios por lo que te esté sucediendo; cree en las promesas de Dios y pelea por tu bendición.

La Biblia nos enseña que *"el diablo es el que roba, mata y destruye"*, pero Dios se complace en bendecir a los que creen en Él. El precio de tu sanidad ha quedado pagado. Si por alguna razón estás enfermo, lesionado o débil, Satanás está invadiendo una propiedad que hace tiempo fue pagada. Tú eres una propiedad pagada, no adeudada. El enemigo no puede exigirte nada. Tú has sido comprado por Jesucristo. Tu cuerpo le pertenece a Jesús.

Debes tomar autoridad y orar con fe: *"por la sangre de Cristo yo he sido redimido de la maldición de la enfermedad, y ato al espíritu de enfermedad, ordenándole que salga de mi cuerpo y no vuelvas a entrar en el Nombre de Jesús, porque este cuerpo no te pertenece"*. Recuerda que tu sanidad fue comprada por el flagelo de la espalda de Jesús.

Hay otro ejemplo en la Biblia que es importante que lo leamos en esta hora.

Marcos 9:17-23 RVR1960

17 Y respondiendo uno de la multitud, dijo: Maestro, traje a ti mi hijo, que tiene un espíritu mudo, 18 el cual, dondequiera que le toma, le sacude; y echa espumarajos, y cruje los dientes, y se va secando; y dije a tus discípulos que lo echasen fuera, y no pudieron. 19 Y respondiendo él, les dijo: !!Oh generación incrédula! ¿Hasta cuándo he de estar con vosotros? ¿Hasta cuándo os he de soportar? Traédmelo. 20 Y se lo trajeron; y cuando el espíritu vio a Jesús, sacudió con violencia al muchacho, quien cayendo en tierra se revolcaba, echando espumarajos. 21 Jesús preguntó al padre: ¿Cuánto tiempo hace que le sucede esto? Y él dijo: Desde niño. 22 Y muchas veces le echa en el fuego y en el agua, para matarle; pero si puedes hacer algo, ten misericordia de nosotros, y ayúdanos. 23 Jesús le dijo: Si puedes creer, al que cree todo le es posible.

La espalda de Jesús todavía no había sido flagelada, y el Pacto no había sido firmado cuando el Señor hizo esta sanidad, pero Él ya estaba trabajando para lo que había sido enviado. Jesús no levantó una elocuente oración por el niño; Él solamente llamó a la enfermedad por su nombre y la echo fuera.

El Orar, el clamar y el ayunar se hace "antes" de enfrentar una batalla espiritual.

A la enfermedad no se le ora simplemente, se le ordena en el Nombre de Jesús. Lo que pasa es que el nivel de fe tiene que subir en el corazón, para que sean activados los dones de Dios en esta hora, para bendición de las vidas. Hay muchas personas que creen que no son sanados porque el Pastor de su Iglesia, no les hizo una oración muy larga; lo que tú necesitas es creer en la Palabra de fe para recibir la sanidad.

Lo que sana es la unción de Dios junto a la fe. Cuando hay una unción de milagros, sanidades, señales y prodigios y tú entras en ese mover, simplemente cree que eres sano y recibirás tu milagro.

Cuando la mujer del flujo de sangre tocó el borde del manto de Jesús, quedó sana en ese instante. De Jesús no solo salió poder para sanar a esta mujer, sino que cuando en ella ese flujo se detuvo, volvió a su vida normal. ¡eso es maravilloso! Su economía se restauró, pues todo lo que ella tenía lo había gastado en médicos. El Señor le devolvió lo que el diablo le había robado, por causa que ella depositó su fe en el autor de la sanidad.

LECCIÓN 7

LAS MANOS TRASPASADAS QUE RESTAURAN TU AUTORIDAD

En las lecciones anteriores he nombrado la palabra "REDENCIÓN" ya que su acción está íntimamente ligada a la sangre de Cristo, como "precio de un rescate". Quiero profundizar en esto para que tengas bien claro la obra que Cristo realizó por los redimidos.

La palabra "redención" quiere decir: **rescatar y volver las cosas al estado original como Dios las creó.** El Señor no hizo al hombre para que sea esclavo del pecado, y por consecuencia de esto de Satanás, sino para que fuera gente libre, con un destino celestial. La palabra "redención" tiene otro significado y tiene que ver con **comprar a un esclavo por precio.** El hombre y la mujer habían caído bajo la esclavitud del pecado, y el enemigo los tenía cautivos como esclavos a su servicio. Cristo tuvo que pagar un precio alto para sacar a cada uno del mercado de la esclavitud del pecado, y este precio fue su valiosa sangre.

1 Pedro 1:18-19 *RVR1960*

...sabiendo que fuisteis rescatados de vuestra vana manera de vivir, la cual recibisteis de vuestros padres, no con cosas corruptibles, como oro o plata, sino con la sangre preciosa de Cristo, como de un cordero sin mancha y sin contaminación...

EL Cuarto Lugar Donde Jesús Derramó Su Sangre

A través de sus manos horadadas, destiló sangre en abundancia. Cuando los soldados atravesaron con clavos sus manos para colgarlo en la cruz, eso ya estaba profetizado miles de años antes por el rey David. Así quedó escrito en el Salmo 22:16, cuando dice: *...Porque perros me han rodeado; Me ha cercado cuadrilla de malignos; Horadaron mis manos y mis pies.* El salmista estaba profetizando la forma horrible del sufrimiento por la cual el Cristo derramaría su sangre.

Las manos que sanaron a los enfermos, bendecían a los niños y levantaron a los muertos, esas manos benditas y puras fueron traspasadas para que brotara redención, para ti y para mí.

Las manos palpan, acarician y tocan, pero también es el instrumento de trabajo para recibir los bienes diarios. Jesús estaba siendo herido en sus manos, para que el hombre recibiera prosperidad.

LA PROMESA DE LA PROSPERIDAD EN EL SERVICIO LABORAL

Génesis 1:27-28 *RVR1960*

Y creó Dios al hombre a su imagen, a imagen de Dios lo creó; varón y hembra los creó. *28 Y los bendijo Dios, y les dijo: Fructificad y multiplicaos; llenad la tierra, y sojuzgadla, y señoread en los peces del mar, en las aves de los cielos, y en todas las bestias que se mueven sobre la tierra.*

Aquí Dios te revela que lo que Él creó fue para que el hombre se enseñoreara de ello. La autoridad y el dominio fue puesto en las manos del hombre, en este caso de Adán y Eva que fue la primera pareja que Dios puso en el huerto del Edén. Pero cuando Adán desobedece a Dios esa autoridad le fue quitada y Satanás se convierte en el dios de este mundo. En ese momento era Satanás el que daba las órdenes, y lo que el hombre hacia no era lo que Dios deía, sino lo que el enemigo quería. Satanás robó el dominio y la autoridad, al hombre.

Cuando Jesús fue crucificado derramó su sangre, para que tú recuperaras el dominio perdido y fueras próspero en todo lo que emprendieras.

Los clavos incrustados en las manos estaban logrando que te fuera devuelto el dominio y la autoridad que el hombre había perdido. Los cristianos andan huyendo del enemigo y le tienen temor, porque no entienden la victoria total de Cristo en la cruz. Los redimidos viven en obediencia y en victoria por causa de esa sangre que garantiza la prosperidad perdida. Las manos de Jesús no fueron traspasadas por casualidad ¡No! Esas manos fueron horadadas por el pecado del hombre.

No importa cuanta maldad u oposición encontremos, nosotros tenemos la autoridad y dominio en el Nombre de Jesús, para hacerle ofensiva y destruir aquello que el diablo quiere hacer para mal.

Marcos 16:18 *RVR1960*

Tomarán en las manos serpientes, y si bebieren cosa mortífera, no les hará daño; sobre los enfermos pondrán sus manos, y sanarán.

Es tiempo de creer que Dios rompe toda la iniquidad sobre los tuyos, en el Nombre poderoso de Jesús. Ora por tu hijo, sobrinos y declara que aunque quizás esté lejos o esté rebelde, le va servir a Dios.

Si tu cónyuge no es salvo aún, no pierdas las esperanzas, reclama la sangre de Cristo sobre él y toma autoridad sobre cualquier tipo de iniquidad, porque el Señor te devolvió el dominio de la autoridad de su Nombre en tus manos.

TOMANDO LA AUTORIDAD DEBIDA EN SU NOMBRE

Ora de esta forma por tus hijos: *"Por la sangre que en las manos de Jesucristo fue derramada en la cruz del calvario, y por el dominio que me ha sido devuelto, yo reclamo que ninguna maldad puede tocarlo y que ninguna enseñanza fuera de la voluntad de Dios en la Escuela, Colegio, o Universidad puede progresar en su mente, en el Nombre de Jesús".*

En el momento que tomas autoridad sobre el enemigo, verás que las promesas de Dios comienzan a convertirse en una realidad. Recuerda: todo aquello en lo que pongas tus manos, Dios lo va hacer prosperar. No por ningún rito, sino porque la autoridad nos ha sido devuelta en nuestras manos por medio de la Sangre de Jesús. Él se entregó voluntariamente, y cuando sus manos estaban siendo clavadas, el dominio volvió todos aquellos que un día creyeron en el sacrificio de Jesús.

Recuerda: toda nuestra vida gira en torno a un plan y a un propósito de Dios. Tus manos no pueden ser colocadas en cualquier lugar, ni tocar cosas inmundas, tales como revistas o videos pornográficos, dinero fraudulento y todo lo que proviene de la mentira. Tus manos están para bendecir, para orar por los enfermos, para servir a los pobres, para desatar el dominio de Cristo a la tierra.

Piensa en esto, si el diablo hubiera entendido la causa por las que las manos eran horadadas, jamás hubiera permitido a los soldados romanos las traspasaran con los clavos. Si hubieran comprendido no lo hubieran permitido. Por eso es que la Iglesia tiene la autoridad para atar y desatar, en el nombre de Jesús y por su sangre derramada a través de sus manos, tienes el derecho a reclamar todo lo que el enemigo te robó.

Cuando estés frente a una enfermedad o a una oposición satánica, él no verá unas manos cualquiera, sino unas manos con dominio y autoridad sobre esa situación.

Cuando tu veas tus manos, ora al Señor que Él te de manos para demostrar la majestad de Dios donde quiera que vayas. Todo lo que tu mano toque sea cambiado, prosperado, sea impactado, porque tus manos tienen poder, dominio y autoridad para recuperar, lo que el diablote ha querido robar y quitar durante tanto tiempo. Tú declararás que todo lo que Dios pone en tus manos será bendecido y prosperado. José fue un joven que desde niño tuvo el favor de Dios sobre su vida, era humilde y obediente, creyó al dios de las promesas fielmente, dice la Palabra "que Dios estaba con él", eso lo llevo a ser un hombre prospero en todo lo que hizo.

Génesis 39:3 ^{*RVR1960*}

Y vio su amo que Jehová estaba con él, y que todo lo que él hacía, Jehová lo hacía prosperar en su mano.

Rompe los límites, no creas en poco, que nada te frene, tú puedes hacer todo lo que venga a tus manos, porque Dios te quiere bendecir.

Todo lo podemos en Cristo que nos fortalece y tenemos dominio en nuestras manos, para establecer el propósito del Reino de Dios en toda la dimensión de su gloria. Para hacer lo que Dios dice que tienes que hacer, El va a traer recursos a tu vida porque el enemigo sabe que sobre ti, hay autoridad y dominio para alcanzar lo que Dios prometio. Tienes que mantenerte fiel creyéndole a Dios que todo lo que toques será prosperado y bendecido.

Recibe esta Palabra de Dios para tu vida y cree que como estuvo con José estará también contigo.

Van a venir sobre ti, unción de sabiduría y de conocimiento. Dios aún te va a dar ideas creativas para que empieces a desarrollar los proyectos que Dios mismo va a colocar dentro de ti. Te lo va a dar porque tienes un corazón para sembrar en el Reino.

NO ENVIDIES LA OBRA DE OTROS

Los martillos que clavaron los clavos de sus manos y pies fueron unos instrumentos, pero no fueron los culpables. Un martillo es una herramienta, puede servir para levantar o para destruir. No le podemos echar la culpa al martillo pues simplemente es una herramienta en las manos de quien lo usó.

Por eso, la Biblia dice que la batalla no es contra sangre ni carne, sino contra espíritus de maldad; y muchas veces en la Iglesia, los hermanos en la fe, se martillan unos a otros en lugar de edificarse.

LECCIÓN 8
LOS PIES QUE TE DAN SEGURIDAD EN EL CAMINAR

EL QUINTO LUGAR DONDE DE JESÚS LE BROTÓ SU SANGRE

El quinto lugar donde brotó su sangre fue en sus pies. La manifestación de su sangre derramada en este lugar de su cuerpo fue un acto también profético, que se cumplió tal como se había declarado.

Salmos 22:16 ^{RVR1960}

Porque perros me han rodeado; Me ha cercado cuadrilla de malignos; Horadaron mis manos y mis pies.

Génesis 3:14-15 ^{RVR1960}

¹⁴ *Y Jehová Dios dijo a la serpiente: Por cuanto esto hiciste, maldita serás entre todas las bestias y entre todos los animales del campo; sobre tu pecho andarás, y polvo comerás todos los días de tu vida.* ¹⁵ *Y pondré enemistad entre ti y la mujer, y entre tu simiente y la simiente suya; **ésta te herirá en la cabeza, y tú le herirás en el calcañar.***

¿Dónde existe la primera proclamación del evangelio? en el libro del Génesis. En el momento en que el Señor estableció juicio en el Edén y describió las consecuencias del pecado, también dio una palabra profética para redimir a la humanidad.

En el texto anterior has leído que Dios pondría enemistad entre Satanás y la mujer, entre la simiente de él y la simiente de ella. La promesa consistía en lo siguiente: *"ésta te herirá en la cabeza, y tú le herirás en el calcañar"*. Herir la cabeza de Satanás, es decir: magullar, quebrantar, lo cual alude a la larga lucha entre el bien y el mal, que Dios gana al fin por medio de Jesucristo, el postrer Adán.

Jesús sufre el efecto de aquella herida hecha en el calcañar, al ser quebrantado por Dios y herido en el Gólgota y en la cruz, por nuestros pecados.

El Señor, al magullar la serpiente a su vez indicaba que destruiría las maldiciones heredadas el hombre por causa de ella, y aunque la simiente de la mujer estaría lastimada y herida en el calcañar, dejó la promesa de la victoria sobre el pecado.

Aquí se puede ver una profecía doble; Dios está maldiciendo a la serpiente natural (animal), y también le habla a la serpiente espiritual (Satanás) que es la Antigua Serpiente o Diablo. En medio del juicio, Dios trae un resplandor de esperanza. Antes que Adán fuera expulsado del Edén ya Dios, le estaba dando la promesa de liberación para la humanidad; la descendencia de la mujer (que fue Jesucristo) derrotaría a la *Antigua Serpiente*. Mientras que esta, solo podría herir el talón de Jesús, ¿Cómo lo haría? haciéndole sufrir, causándole padecimiento y dolor.

En este versículo contiene la primera proclamación del evangelio. Aquí encontramos en forma resumida, toda la riqueza, misericordia, dolor y gloria de la obra redentora de Cristo, (la simiente de la mujer). La promesa sería concebida divinamente pero a la vez sería completamente humano.

Cuando Dios pronuncia: *"Y pondré enemistad entre ambas simientes"*, es porque el Señor maldijo a la serpiente espiritual (Satanás) declarándole que sería aplastada por el poder de Dios a través de la simiente de la mujer, la cual fue Jesucristo.

Este mensaje profético del Génesis 3, es una buena noticia para el hombre, pues Dios haría lo indecible para recuperar al ser humano que se le había perdido.

La primera lucha seria de simientes, tal como Jesús lo dijo a los religiosos que no lo aceptaban como Dios: ...*Vosotros sois de vuestro padre el diablo,* es decir vuestra simiente no proviene de Dios. Pablo por ejemplo le dice a los creyentes de Roma:

Romanos 16:20 ^{RVR1960}

Y el Dios de paz aplastará en breve a Satanás bajo vuestros pies.

La batalla no comenzó en el cielo sino en el Edén, de ahí siguió a la tierra, donde Jesús derroto a Satanás, (y al final derrotará al maligno en el fin del gobierno del anticristo).

EL PODER DELEGADO A LA IGLESIA DE PISAR SERPIENTES Y ESCORPIONES

La palabra "pisar" en hebreo es /*darash*/ y significa: "caminar, marchar, pisotear". La palabra "pisaréis" aparece sesenta veces en el Antiguo Testamento y significa: "una manera intensa de saber en dónde estamos caminando". Su victoria es delegada a los que creen, la Iglesia se hace parte de la victoria de Cristo. Por eso Jesucristo delega autoridad a sus discípulos sobre las potestades de maldad. Aún están ahí pero el creyente tiene autoridad sobre ellos. "AL QUE CREE TODO LE ES POSIBLE.

He aquí os doy potestad de hollar serpientes y escorpiones, y sobre toda fuerza del enemigo, y nada os dañará.

Dios delega la autoridad de Cristo a su amada Iglesia de pisar para arrebatar. Podemos ver la promesa de poseer muchos años atrás, dada por Dios a Moisés y a su pueblo.

Deuteronomio 8: 1

Cuidaréis de poner por obra todo mandamiento que yo os ordeno hoy, para que viváis, y seáis multiplicados, y entréis y poseáis la tierra que Jehová prometió con juramento a vuestros padres.

Pisar, es tomar posesión de lo que Dios ha entregado. Para que tú tomes posesión de algo en el mundo espiritual, debes creer y confiar en esta promesa; ejercer dominio sobre el territorio que Dios prometió que te pertenece. La palabra "poseer" aparece cincuenta veces en el Antiguo Testamento y en hebreo es: /*yarash*/. Es una palabra rica en significado: apoderarse y heredar. Dios promete darle a Israel a Canaán como posesión eterna. A la Iglesia se le da la promesa de ir por todo el mundo predicando las buenas nuevas.

La Sangre Vertida en Sus Pies Te Da Seguridad en Tu Andar

La Sangre derramada en las heridas de sus pies, también te redimió de tu falta de dominio, seguridad y autoridad; porque cuando Adán cayó en pecado, perdió el dominio espiritual de donde estaba, juntamente con su estabilidad y seguridad.

El hombre fue creado para ser la cabeza y corona de la creación. Los pies de Jesús, y sus heridas te devolvieron a ti ese dominio, que perdió el primer hombre.

Dios le prometió a su pueblo que sería siempre punta de lanza, en el cual tomaría posesión de una buena tierra y nunca sería arrancado de ahí.

Deuteronomio 28:13 RVR1960

Te pondrá Jehová por cabeza, y no por cola; y estarás encima solamente, y no estarás debajo, si obedecieres los mandamientos de Jehová tu Dios, que yo te ordeno hoy, para que los guardes y cumplas.

Esa era la promesa para su pueblo, sin embargo, dudaron y provocaron la ira de Dios con su desobediencia e idolatría.

- El Señor le entregó este dominio a Adán y él lo perdió.
- Se lo dio a Israel y lo perdió.
- Ahora se lo da a la Iglesia de Cristo, no lo pierdas, ¡úsalo!.

Gracias a la sangre derramada desde los pies de Cristo, tú estás recibiendo el dominio que se había perdido.

Si tienes una actitud de agradecimiento hacia la sangre derramada de Jesús, estarás reconociendo lo que sus pies hicieron por ti y por eso nunca más deberás dejarte pisotear por Satanás. El Señor está dispuesto a acompañarte y a estar contigo en todo momento; Él dice en su Palabra: *"No te dejaré ni te desampararé"*. Él te dio autoridad en tus pies, para que donde vayas no exista poder del enemigo que te pueda detener, porque has sido redimido por la sangre de Cristo.

Tú tienes autoridad para atar al diablo en tu vecindario, en tu trabajo y en todo lugar donde debas sojuzgarlo.

Hay una investidura en el mundo espiritual poderosa en ti y Satanás sabe qué clase de cobertura tienes, él sabe también si vives en santidad o si estás descubierto; así que tú tienes la autoridad legal para decir: *"diablo, retírate, yo reclamo mi vecindario para Cristo"*. Tienes que reclamar la sangre de Cristo sobre tu familia, y colocarla sobre el dintel de tu casa y las habitaciones de tus hijos en un acto de fe. Una buena forma de orar es: *"Yo declaro que la sangre de Cristo esta en los dinteles de la casa, y que nada que no sea de Dios puede entrar a mi hogar, para que cuando el espíritu de iniquidad y destrucción desee entrar, el vea la sangre de Cristo y salga huyendo."*

Es hora de recuperar lo que el enemigo te ha robado y consagrarlo por siempre para la obra de Dios. Tú eres heredero de salvación, no estás debajo de nada pero sí por encima de las circunstancias. ¿Sobre qué debes tomar autoridad? En todo aquello que se levanta en contra del poder real de Dios.

LECCIÓN 9
EL COSTADO ABIERTO DONDE NACIÓ LA IGLESIA

DEL COSTADO HERIDO DE JESÚS, SALIÓ SANGRE Y AGUA

Juan 19:31-34 NTV

31 Era el día de preparación, y los líderes judíos no querían que los cuerpos permanecieran allí colgados el día siguiente, que era el día de descanso (y uno muy especial, porque era la Pascua). Entonces le pidieron a Pilato que mandara a quebrarles las piernas a los crucificados para apresurarles la muerte. Así podrían bajar los cuerpos. 32 Entonces los soldados fueron y les quebraron las piernas a los dos hombres crucificados con Jesús. 33 Cuando llegaron a Jesús, vieron que ya estaba muerto, así que no le quebraron las piernas. 34 Sin embargo, uno de los soldados le atravesó el costado con una lanza y, de inmediato, salió sangre y agua.

Ya era la tarde y Jesús había estado sufriendo por seis horas consecutivas. Los sacerdotes no querían que su cuerpo estuviera en la cruz porque el día siguiente tocaba el "reposo" y no podían realizar ningún trabajo. La orden era romperles los huesos de las piernas a los crucificados para que murieran más rápido. La ley judía, no podía tolerar que alguien permaneciera en la cruz durante la noche, pues al día siguiente era el dia del reposo y era obligatorio no hacer nada, de manera que los soldados tenían que bajar a los crucificados antes de caer el sol, para que la maldición no fuera transferida a la tierra; pues la ley decía que todo aquel que moría en una cruz, no podía quedar ahí el día de reposo, porque si no la maldición del crucificado caía sobre ella.

Salmo 34:20 NTV

Pues el Señor protege los huesos de los justos. ¡ni uno solo es quebrado!

De acuerdo con las costumbres romanas de la crucifixión, ellos dejaban al sentenciado en la cruz un promedio de cinco o seis horas mientras que era torturado; luego le quebraban las rodillas y era ahí cuando finalmente el crucificado expiraba. Los soldados rompieron los huesos de los reos que estaban siendo crucificados junto a Jesús, y cuando le llegó el turno al Señor, Él ya había muerto, el soldado no tuvo la necesidad de partirle los huesos de sus piernas, pero si le atravesó el costado con su lanza. (esto fue también una señal profética).

Juan 19:32-37 RVR

"Vinieron, pues, los soldados, y quebraron las piernas al primero, y asimismo al otro que

había sido crucificado con él. Mas cuando llegaron a Jesús, como le vieron ya muerto, no le quebraron las piernas. Pero uno de los soldados le abrió el costado con una lanza, y al instante salió sangre y agua. Y el que lo vio da testimonio, y su testimonio es verdadero; y él sabe que dice verdad, para que vosotros también creáis. Porque estas cosas sucedieron para que se cumpliese la Escritura: No será quebrado hueso suyo. Y también otra Escritura dice: Mirarán al que traspasaron."

Cuando alguien moría en la cruz, su agonía y sufrimiento se extendía por horas interminables.

Llegó un momento en que el cuerpo de Jesús no se podía sostener más por la debilidad y la falta de agua y sangre en su cuerpo, eso hizo que se le cerraran los pulmones impidiéndole respirar. Pero de repente se oyó una voy débil que dijo: *"Padre en tus manos encomiendo mi espíritu".*

Cuando llegó el soldado a quebrarle las piernas a Jesús, ya estaba muerto y no hubo necesidad de hacerlo, para que se cumplieran las Escrituras.

EL COSTADO ABIERTO DE CRISTO

Sin embargo para estar seguro, el soldado tomo su lanza y atravesó el cuerpo de Jesus. Cuando su costado fue abierto y su corazón traspasado por la lanza romana, salió sangre y agua. **La Iglesia de Cristo estaba naciendo del agua del Espíritu de Dios.** Después de quedar convencidos de que había perdido la vida conforme al mandato de la ley y de que el cuerpo ya estaba muerto, nada pudo contentar a la crueldad humana sino hasta que su corazón fue traspasado con la lanza. Veamos, ahora, ¿acaso el soldado que traspasó el costado de Cristo no fue un ejemplo apropiado—aunque repugnante—de nuestra raza pecadora? Y acaso su acto despiadado ¿no fue un tipo de nuestra irreverencia obstinada?

También muchos hoy en día, después de la muerte del Salvador le siguen traspasado su cuerpo. ¿Cómo lo logran?

- **Negando o dudando** su Deidad.
- Dándole **descrédito** a su testimonio y a su doctrina enseñando otro evangelio.
- Los que **rehúsan creer** en su capacidad de Salvador y perdonador de pecados.
- Siendo **indiferente** a su sacrificio y muerte.
- Rechazando su llamado.

Es interesante entender que las primeras cinco veces que Jesús derramó su Sangre, tenían que ver con lo exterior del hombre: voluntad, prosperidad, dominio, seguridad y estabilidad. Ahora, estos dos últimos lugares donde Jesús derramó su Sangre tenían que ver con su interior.

La lanza va más allá de la parte visible, entró en su costado como diciendo: Él vino a derramar su Sangre y a sanar el alma herida de las personas. Ahora lo que vemos es un costado abierto, una lanza entrando en su interior. Se ha calculado que el cuerpo humano tiene cuatro litros de sangre. Cuando el costado de Jesús fue abierto derramo los últimos restos de su sangre con agua. Jesús ya lo había anunciado, cuando dijo: *yo vine a derramar Mi Sangre para perdonar de una vez y por siempre los pecados.* Cuando recibes los beneficios de su muerte recuerda que **Jesús sana tu enfermedad espiritual y física.**

Deja que el Señor sane el dolor que no ha sido curado, porque si no lo haces, se convertirá en amargura y luego en odio, el cual será un espíritu demoníaco que oprimirá tu alma.

Debes entender que tu batalla no es contra ningún ser humano, tu guerra no es contra carne ni sangre, la guerra principal es contra principados y huestes de maldad (Efesios 6:12); las personas son instrumentos en las manos de Dios o del diablo, y tienes que pararte firme en contra de ese demonio que puede estar actuando detrás de esa persona para resistirlo en el Nombre de Jesús.

Cuando su costado fue abierto, Él detuvo la maldición para que nunca te alcanzara la amargura ni te oprimiera el odio. Jesús invirtió la maldición y sanó el dolor, ahora te invita a tomarla porque está a tu disposición. Una vez producida la sanidad en tu alma, nunca más volverás a sentir el dolor de la herida que da el fruto del resentimiento.

Jesús no solo te libertó, te sano y te rescató, sino que recuperó el estado original por el cual Dios te había creado. Cuando entiendes como Él entregó todo al Padre, es fácil amarlo por todo lo que hizo por ti y por mí. ¿Cómo el Padre no te dará lo que le pidas, si entregó lo que más amaba?

2 Corintios 5:17 ^{RVR1960}

De modo que si alguno está en Cristo, nueva criatura es; las cosas viejas pasaron; he aquí todas son hechas nuevas.

Si los demonios hubieran entendido lo que significaba abrir el costado de Jesús el soldado romano nunca le hubiera traspasado. Aunque ellos y los demonios no entendieron el misterio de la cruz, ahora sí tú lo entiendes, porque Jesús te ama, y por medio de su costado abierto, te hizo parte de su Iglesia.

VARÓN EXPERIMENTADO EN QUEBRANTO

Una profecía que aún no se habían cumplido, es la de Isaías, pero en ese momento glorioso, llegó la hora para hacerlo. Él había venido a sanar a los quebrantados de corazón por su costado abierto; para que el creyente no estuviera más triste, ni con su alma abatida, porque Él cambió el lamento en baile.

Isaías 61:1 NTV

«El Espíritu del Señor está sobre mí, porque me ha ungido para llevar la Buena Noticia a los pobres. Me ha enviado a proclamar que los cautivos serán liberados, que los ciegos verán, que los oprimidos serán puestos en libertad.

Realmente Jesús fue ungido con el poder de Dios no solo para sanar la enfermedad y romper las cadenas de opresión que Satanás había colocado sobre el género humano, sino que también Jesucristo quito las cargas y los yugos, sanando a los quebrantados de corazón.

Dios quiere que su pueblo viva en una actitud de gozo continuo y no en la angustia, agotamiento y el vacío que se tiene cuando se vive una vida en pecado apartado de Dios. Jesús experimentó el quebrantamiento, no solo en su muerte en la cruz, sino a través de su propio ministerio.

Él pasó por el dolor de la traición y el rechazo de todos los que Él amaba y aquellos a los que Él llamó sus amigos. Los sacerdotes y escribas eran los que querían que lo crucificaran, porque ellos sabían que lo único que podía librarlos de esa situación era un Jesús muerto.

Todo eso quebrantó el corazón de Jesús como humano, y Él sintió lo que tú podías sentir en una situación parecida. Él era el Hijo de Dios y a la misma vez era Dios, pero también como hombre sintió el dolor. Lo que Jesús padeció en la cruz no fue fácil, porqué cargó con todo el pecado de la humanidad sobre su cuerpo herido y maltratado. El sintió la separación de su Padre, cuando le dijo…

Dios mío, Dios mío, porque me has abandonado… y todo lo hizo por el hombre, por ti y por mí.

Su sangre te liberó de la maldición, de la pobreza, del dolor y del quebrantamiento. Su corazón fue roto para sanar el tuyo, y se convirtió en pecado, para que tú no tuvieras que pecar. Él tomó las enfermedades para que tú no tuvieras que estar enfermo.

Dice la Biblia en Apocalipsis 21:4 que: *"Enjugará Dios toda lágrima de los ojos de ellos; y ya no habrá muerte, ni habrá más llanto, ni clamor, ni dolor; porque las primeras cosas pasaron".* Jesús sana a los quebrantados de corazón para limpiar sus heridas. Deja que Él sane el dolor que hay en tu interior por medio de su sangre derramada, entonces tus dolores no curados se convertirán en bendición para tu vida. La amargura y el odio ya no harán parte de tu vida; cuando recibes el gozo del Señor, las ventanas de los cielos se abrirán sobre ti y verás el resplandor de un día nuevo. El gozo es una forma de vida, y tu corazón se sana con el conocimiento de la Palabra.

Nehemías 8:10 *RVR1960*

...no os entristezcáis, porque el gozo de Jehová es vuestra fuerza.

Cuando eres sanado del corazón, recuperas no solo el gozo, sino que:

1. Te harás fuerte en la fe.
2. No estarás amargado.
3. Serás feliz y tu gozo contagiará a los que te rodean.

Aunque hayas caminado por muchos años con el corazón adolorido, amargado y resentido; Jesucristo te lo quiere sanar por completo. Tienes que permitir que el poder sanador de Jesús fluya y sane tu corazón, y lo llene de gozo, permitiendo que ese gozo sea tu fortaleza todo el tiempo. Cuando alguien esta amargado no tiene la vida de Dios fluyendo en su vida. Una persona asi siempre se queja y ve los errores en los demás.

Los cristianos deben tener revelación para entender que la iglesia no debe estar angustiada y abatida sino que debe alcanzar el pleno gozo para sus hijos, y todo lo que el enemigo ha usado para mal, traerlo para bien.

LECCIÓN 10
EL MOLIDO POR TODOS LOS PECADOS DEL MUNDO

Todo el cuerpo de Jesús estaba lleno de moretones y hematomas. El hematoma es la acumulación de sangre causada por una hemorragia interna, lo cual significa rotura de vasos capilares sin que la sangre llegue a la superficie corporal.

¿Cómo se forman? Aparecen como respuesta resultante de golpes.
Todos esos golpes produjeron hematomas interiores y exteriores en todo el cuerpo de Jesús. El profeta Isaías muchos años antes que sucediera lo escribió: ...*Él fue molido por nuestros pecados.*

¿Has pensado la clase de golpes que sufrió Jesucristo, y el enorme hematoma que tenía sobre su hombro por el peso de la cruz? Se piensa que el peso que cargó Jesús, pudo haber sido de 136 kilos aproximadamente. Su agotamiento era obvio, estuvo arrestado desde la noche anterior y había sido completamente golpeado y flagelado por el látigo de Roma.

Isaías 53:5 RVR1960

*Mas él herido fue por nuestras rebeliones, **molido por nuestros pecados;** el castigo de nuestra paz fue sobre él, y por su llaga fuimos nosotros curados.*

Si en el cuerpo hay una magulladura quiere decir que está sangrando interiormente; ahora piensa un poco, ...todo el cuerpo de Jesus sangrando: pulmones, estomago e hígado. Sin embargo Él pensaba, -*mi sangre derramada los va hacer aptos delante de mi Padre.*

SU AMOR VENCIÓ LA INIQUIDAD QUE NOS SEPARABA DE DIOS

La iniquidad es la esencia de la maldad, te quiere drenar tu vida espiritual y secarla, para que no veas la verdad y nunca se establezca el plan de Dios en tu vida. Es la fuerza espiritual que penetra en el alma cuando la persona persiste en pecar y su maldad nunca es redimida. La persona por sí misma no sabe cómo ser libre; es por eso que sale de una situación y vuelve cayendo en lo mismo. Sólo el poder de la bendita sangre de Cristo rompe la esclavitud que produce la iniquidad.

Dios quiere liberarte, pues dice la Biblia que El pagó por tus iniquidades.

Él murió para ir a las puertas del infierno para recuperar las llaves de la vida y de la muerte, de manera que la maldición producida por la iniquidad quedara rota. Esta fuerza de maldad ha querido siempre destruir a la humanidad para que nunca alcance la libertad que proviene de la muerte victoriosa de Cristo en la cruz. La Biblia dice que las iniquidades pasarían de los padres a los hijos hasta la tercera y cuarta generación. Lo que significa que la iniquidad está en la humanidad, y se trasmite a través de las generaciones.

Jesús no solo fue herido por nuestras transgresiones, sino vino para lograr hacer cambios en el hombre oprimido por la iniquidad generacional.

Es algo así como de tener mal carácter, a pasar a ser una persona benevolente. De ser totalmente inicuo, a pasar a amar a Dios y buscar su santidad.

Jesús se desangró interiormente para hacer un milagro en tu interior.

- Pasar de ser un hombre adicto, a un hombre san sano, con nuevas neuronas.
- De ser una mujer con impulsos odiosos, a ser un ejemplo, lleno de bondad.
- De ser una persona amargada a cambiar por una persona feliz.

Miles de personas en el mundo entero escuchan la voz del evangelio pero siguen cautivos de la misma forma o peor aún. Lo que te puede dar la verdadera libertad, es conocer la verdad; Jesucristo dijo: Yo soy el camino que te lleva al Padre celestial.

Conocimiento, es lo que viene de Dios para revelarse a tu vida, y cuando ese conocimiento llega a tu entendimiento, es para hacerte libre, porque viene con la verdad que te hace libre.

Cuando tú conoces la verdad de Dios a través de su Palabra, no hay debilidad o problema que no sepas como resolver, ni habrá oposición del enemigo que pueda detener el avance de tu relación con Dios.

No permitas que ninguna obra de maldad te pueda detener, cuando entiendes en quien has confiado y quien es tu proveedor.

Hay una clave para recibir las bendiciones de Dios, no solamente es saber que eres salvo, sino que eres transformado del viejo hombre a una nueva criatura. Ser transformado es el resultado de haber sido libre de la iniquidad.

15 Y por todos murió, para que los que viven, ya no vivan para sí, sino para aquel que murió y resucitó por ellos…17 De modo que si alguno está en Cristo, nueva criatura es; las cosas viejas pasaron; he aquí todas son hechas nuevas.

Si entiendes el poder transferido por Dios a tu vida, eres transformado para vivir por aquel que murió y resucitó por ti. ¿Cuál debería ser tú mayor pasión? Cristo.

Jesús fue molido por tus pecados e iniquidades y la Sangre de Cristo te hace libre física, emocional y espiritualmente. Puedes reclamar la sangre de Jesús para que te purifique de tus pecados y de la iniquidad que te impulsa hacer lo que muchas veces no quieres hacer.

Las personas que han sufrido una hemorragia interna, no se le ven señales en el exterior, aunque por dentro estén heridos y gimiendo del dolor. Muchos se sienten solitarios, adoloridos y no saben cómo pedir ayuda, pues son magulladuras internas que nadie ve. Probablemente, una persona tiene una herida interna, que derrama sangre que no se ve y que nadie ha podido ver. Cuando una parte del cuerpo queda magullada, esa zona queda sensible y no querrá que nadie la toque por el dolor que causa; eso mismo siente una persona que esta adolorida en su interior; pero Jesucristo murió en la cruz, y derramó sangre preciosa para que sean libres.

2 *Corintios* 5:21 *RVR1960*

Al que no conoció pecado, por nosotros lo hizo pecado, para que nosotros fuésemos hechos justicia de Dios en él.

Pablo trasmitió fielmente al pueblo de Corintios la preciosa verdad de Cristo, hablando sin desmayar de la verdadera revelación y del poder redentivo que se esconde en la persona de Jesucristo.

Al que nunca pecó ni desobedeció, Dios lo hizo pecado, transformándose espiritualmente a una serpiente; tomando la iniquidad de la humanidad para que tú fueras justificado en Él.

Jesús fue molido para entender que siente un alma adolorida. Dios no desea la peor situación para tu vida, al contrario Él desea lo mejor para ti; mientras que ese espíritu de iniquidad te hace creer que no eres importante para Dios, hay un poder muy grande en todo el cuerpo de Cristo derramando sangre; las arterias, el corazón colapsado, y todo lo que científicamente se ha investigado en cómo murió Jesús, en la cruz, que no fue un hecho casual sino el profundo amor de Dios a tu vida.

¿Qué es una verdad conocida? Es una regla de vida que se convierte en una forma de vida en ti. Una verdad revelada conocida, es un nivel de comportamiento; es un principio que te cambia y es algo que siempre te mantendrá en profundo crecimiento con Dios. Cuando tú conoces la verdad en el conjunto de Dios, te hace tener un comportamiento diferente al resto de la gente, te hace cambiar las prioridades y entender que hay un principio de Dios que no cambia ni se detiene cuando tú naces o te mueres. Sus principios son verdades reveladas y no se sujetan a patrones de conducta humanos. Hay un principio que no cambia:

El cielo y la tierra pasaran, pero la Palabra de Dios es inalterable.

LIBRE DEL ESPÍRITU DE ACUSACIÓN

Una de las cosas que vienen a tu vida cuando has entendido que la sangre de Cristo te limpia es el descanso. Aprendes a reposar en el Señor mientras los otros corren de una forma descontrolada por el estrés y la angustia. Cuando el Espíritu Santo toma control de tu vida y eres libre de la mente acusadora y de la conciencia oprimida por la culpabilidad, es cuando el Espíritu de Dios trae a tu vida un estado de reposo y puedes vencer al acusador y haces lo que Dios quiere que tú hagas.

Cuando el diablo se levanta con una acusación maligna, lo primero que tú debes hacer es clamar al rociamiento de la sangre de Cristo. La Biblia nos enseña que tenemos que tener fe en su Nombre y fe en su Sangre para ser libre de la acusación del diablo. Cuando tu vida es oprimida por espíritus acusadores debes depender de la eficacia que tiene la sangre de Cristo sobre tu vida. Recuerda por lo tanto que ya no puedes vivir bajo condenación y temor:

Hebreos 10:22 RVR1960
acerquémonos con corazón sincero, en plena certidumbre de fe, purificados los corazones de mala conciencia, y lavados los cuerpos con agua pura.

Estos son los beneficios que recibes, cuando has sido rociado con la Sangre de Cristo:

1. La Sangre de Cristo te redimió del pecado y de las tinieblas.
2. La Sangre de Cristo es tu cobertura de protección contra el ataque del poder de las tinieblas.
3. La Sangre de Cristo selló el pacto entre Dios y los hombres.
4. Sangre de Cristo produce un alto grado de santificación.
5. La Sangre de Cristo te purifica.
6. La Sangre de Cristo te da vida en eternidad.

7. La Sangre de Cristo te da entrada al lugar Santísimo. A una relación directa con Dios sin reproche y sin acusación.

Mucha gente ha reconocido a Jesús como su Señor y Salvador pero desconocen todo lo que la Sangre de Jesús ha hecho por ellos. Y el desconocer acerca de lo que ella produce sobre tu vida hace que sea debilitada tu fe en Dios. Yo te pregunto… ¿Por qué la gente vive con temor y condenación? Porque no han entendido el poder que tiene el ser justificado por la Sangre del Cordero.

Por ejemplo, un hombre tiene una deuda impagable y no importa cuánto se esfuerce por intentar pagarla, él sabe que aunque muera va a seguir debiéndola pues es de una gran cantidad. Pero de repente ese hombre, que es empleado de una empresa, un día el dueño de dicha compañía decide pagarle la deuda sin explicarle los detalles. Un día, lo llaman y le dicen: *"mira, esta es la deuda que tú tienes"* y le pasan un archivo con todo lo que debe; pero, en la primera página hay un papel que está escrito con la siguiente declaración: *"cancelado y pagado"*. Sin embargo, ponte a pensar que tal hombre no lee esta primera página y empieza a leer el detalle de toda la deuda diciendo: *"es imposible, yo no puedo pagar esto"*. Él piensa en ese momento que su destino será la cárcel porque no puede cancelar la deuda porque no vio la primera página que decía que ya estaba cancelada y pagada en su totalidad.

Este es un vivo ejemplo que te ilustra cómo Satanás tiene atrapada la vida de muchos a los que tiene como esclavos y condenados a deudas espirituales. La Biblia dice que *"la paga del pecado es muerte"* la deuda que se tiene ante Dios es impagable, no se puede amortizar jamás. Por lo tanto, todo ser humano no tiene como pagarla. Mas al aceptar a Cristo como el único Redentor, Él paga por ellos la deuda ante el Padre.

Esto es lo que les pasa a muchos cristianos en este momento; ellos no saben que su pecado ha sido cubierto y pagado solo por tener fe en la sangre de Jesús. Hay que recibir este beneficio por fe para recibir el efecto de lo que produce esta sangre. Jesús compró nuestra vida legalmente en la cruz del calvario. Pedro dice, "no por oro ni por plata sino por sangre". La sangre de Cristo vertida en la cruz te hace justo ante el Padre, y si te hace justo, Él mismo cancela tu deuda. Así que cuando el enemigo te condena por tu vida pasada, preséntale el acta del Nuevo Pacto donde está declarado que tus pecados, y tu deuda ha sido cancelada.

1 Juan 1:7 NTV

…y la sangre de Jesús, su Hijo, nos limpia de todo pecado.

La sangre rociada te limpia por completo de todo pecado y esta es una obra continua que el Espíritu Santo te recuerda cada día. Tienes que entender que la sangre de Cristo te limpia y Satanás tiene que huir de ti; y esto lo hará, no a consecuencia de lo que tú eres, sino de lo que tú tienes. Recuerda que estas lleno de la presencia de Dios y eso te hace ser fortalecido y ser vencedor, glorioso en Jesucristo. Es importante volver a recalcar este texto bíblico:

Apocalipsis 12:11 NTV

Ellos lo han vencido por medio de la sangre del Cordero y por el testimonio que dieron. Y no amaron tanto la vida como para tenerle miedo a la muerte.

Aquí se habla de dos temas muy importantes:

1. La Sangre del Cordero.
2. La Palabra del testimonio (esto quiere decir, que si tú crees en el poder de la Sangre de Cristo testificarás del poder vencedor que hay en ella). ¿Qué espera Dios de ti una vez que fuiste rociado con la Sangre de Jesús?.
3. Que te comprometas para amarle y servirle.
4. Que vivas en paz y no dudes jamás.

LECCIÓN 11
LA SANGRE ROCIADA

Hace muchos años se cantaba un himno que decía: *"hay poder, poder sin igual poder, en Jesús que murió,… en la sangre de Jesús"*, pero se puede ver creyentes hoy en día, que poco o nada entienden lo que significa el poder que hay en la sangre de Jesús. Muchas veces algunos cristianos claman a ese poder, pero es muy diferente clamar a la sangre de Jesucristo con revelación y conocimiento de lo que implica el poder de esa sangre.

Que hace la sangre de Cristo en tu vida:

- **Protegerte en un momento determinado**, como un accidente, robo, ataque sexual, ella es una protección para los que andan en santidad delante de Dios.
- **Te perdona de todos tus pecados, cuando vas al trono de Dios Padre** con fe y humildad.
- **Te hace libre de la opresión de la iniquidad.**
- **Da testimonio en la tierra acerca de la divinidad de Cristo.**
- **La sangre te revela a Jesucristo, y a la vez te conecta con el Espíritu de verdad.**

La Palabra es la viva manifestación del Espíritu de verdad, fue hecha carne y viva en el Hijo de Dios y están conectados. El Espíritu de verdad, la Sangre y la Palabra, forman al Verbo de Dios.

1 de Juan 5:8 ^{RVR1960}

…Y tres son los que dan testimonio en la tierra, el agua la sangre; y estos tres concuerdan

La Biblia habla de dos formas que debería ser vertida.

- Derramada.
- Rociada.

La mayoría de los creyentes tienen conocimiento acerca de la sangre que Jesús derramó por la humanidad en la cruz del calvario. Antes que esto sucediera, el Señor estaba reunido con sus discípulos celebrando la pascua; Él partió el pan que representaba su cuerpo, que iba a ser molido y llagado por tus pecados en la cruz y levantó la copa diciendo: *Porque esto es mi sangre del nuevo pacto, que por muchos es derramada para remisión de los pecados. Mateo 26:28.*

Muchos solo entienden el significado de la sangre que fue derramada en la cruz, y poco saben lo que significa la sangre rociada en el Antiguo Testamento.

LA SANGRE ROCIADA SOBRE EL DINTEL DE LA PUERTA

La primera referencia bíblica de esta forma de usarla la encontramos en **Éxodo 12:22**. En ese momento el ángel de la muerte estaba a punto de ser desatado en Egipto, y Dios planea la forma de proteger a su pueblo: cada familia debía sacrificar un cordero y guardar esa sangre. **También les dieron la orden de tomar un manojo de hisopo, mojarlo en la sangre de ese cordero y untar el dintel y los dos postes de la puerta, de cada casa.** Cuando el ángel de la muerte pasara, y viera esa sangre rociada en los dinteles de las puertas, pasaría de largo y esa casa no sufriría ningún mal.

En este relato bíblico, hay dos puntos importantes:

- Mientras la sangre estuviera en la vasija guardada (aunque estuviera derramada), no producía ningún efecto de protección mientras no fuera rociada.
- Fue vertida pero tenía que ser aplicada adecuadamente.

Los israelitas podían dejar el envase al lado de la puerta de sus casas, y decir: *"no importa lo que hagamos con la sangre, con tal de dejarla ahí, servirá para algo"* … ponte a pensar por un momento ¿qué hubiera sucedido si ellos dejan la sangre en la vasija y la colocan cerca de la puerta, o encima de una mesa y no hubieran obedecido lo que Dios les dijo? **el ángel de la muerte hubiera entrado a ese hogar y el primogénito debiera morir.**

La orden era que la sangre tenía que ser sacada de ese envase y ser rociada sobre los postes para que sirviera de protección contra el ángel de la muerte.

En la Biblia dice que todo lo que sucedió en el Antiguo Testamento, era sombra de lo que iba a venir a través de la persona de Jesucristo. Cada suceso de lo que vivió Israel era sombra de lo que había de hacer Jesús en un futuro profético; esta forma de sangre derramada del corderito, luego puesta sobre el dintel de la puerta, era tipo y figura de la sangre que Cristo, el cordero de Dios, en la cruz.

La sangre de Cristo no se desperdició fue recogida en una copa celestial y el resto de ella es para ser rociada sobre el pueblo de Dios. (Éxodo 24:6)

Cuando la sangre de Jesús es rociada sobre tu vida, estarás bajo una completa protección de toda obra de las tinieblas.

En el momento que Satanás se da cuenta que has sido rociado por la sangre de Jesús (así como fueron untados los postes y el dintel de las casas de los Israelitas) de esa misma manera tendrá que pasar de largo sin poderte dañar.

Todo ser humano que ha sido rociado por la sangre de Jesús, no podrá ser tocado por ningún espíritu demoníaco. Ellos no pueden invalidar el sello del pacto que ha sido establecido por medio de la sangre de Jesús.

Así que debes entender que la preciosa sangre va más allá de perdonar tus pecados; la sangre de Jesús está viva y disponible para ti las 24 horas del día. Hay poder en la sangre rociada sobre tu vida ya que es la sangre del pacto.

Éxodo 24:8 ^{RVR1960}

Entonces Moisés tomó la sangre y roció sobre el pueblo, y dijo: He aquí la sangre del pacto que Jehová ha hecho con vosotros sobre todas estas cosas.

Te animo a que leas Éxodo 24 en tu casa, en donde se habla del rociamiento de la sangre y puedas profundizar más en este tema. Dios manda convocar a sus siervos como: Moisés, Arón, Nabar, Abiú con los setenta ancianos. El pueblo restante estaba más lejos del monte. Moisés toma la sangre de "la ofrenda de paz", la mitad la colocaba en tazones y con la otra mitad la rociaba sobre el pueblo que hace un pacto con Dios de cumplir las palabras de la ley que están escritas en las tablas de Dios.

Y les dijo de parte de YHVH Dios: *"Yo seré tu Dios y tú serás mi pueblo"*; después que Moisés estableció la ley a Israel, ellos contestaron *"entendemos y obedeceremos"*; el pueblo estuvo de acuerdo para entrar en **pacto con Dios**.

Hebreos 9:19 ^{RVR1960}

Porque habiendo anunciado Moisés todos los mandamientos de la ley a todo el pueblo, tomó la sangre de los becerros y de los machos cabríos, con agua, lana escarlata e hisopo, y roció el mismo libro y también a todo el pueblo.."

LA SANGRE ROCIADA SOBRE LAS 12 COLUMNAS

Después Moisés roció las doce columnas del tabernáculo, las cuales representan las doce tribus de Israel, y por último roció al pueblo con la sangre, sellando así el pueblo con Dios. El rociar con la sangre les otorgaba a los israelitas una plena certidumbre de acceso y comunión con Dios. En ese pasaje bíblico no se habla de perdón, ni remisión de pecados, sino más bien de comunión y establecimiento **de un pacto que Dios tenía que hacer con Israel y el pueblo con Dios.**

La sangre nos da perdón, nos santifica para ser parte de su presencia, los líderes y ancianos de Israel, pudieron verlo y contemplarlo en su hermosura y disfrutar de la presencia de Dios, contemplarlo amparados bajo la seguridad que en ella hay.

Hoy estamos en un Nuevo Pacto con Jesucristo, superior que el Antiguo Pacto. Cuando su sangre es rociada sobre cada hombre y mujer es con el propósito que cada uno tenga comunión y acceso directo a la presencia de Dios. No solo tendrás comunión sino que serás purificado con el rociamiento de esa sangre.

No tengas la menor duda de poder acercarte al trono del Padre a través de la sangre que te cubre, solo debes hacer pacto con Dios de fidelidad y de guardar toda su Palabra escrita. **Lea los 10 mandamientos por favor, en voz alta.**

LA SANGRE ROCIADA SOBRE EL PROPICIATORIO

Uno de los rociamientos de sangre más importantes que era llevado a cabo, era el de la **expiación por los pecados,** lo cual significa "la reconciliación con Dios".

El propósito de este acto, era para borrar los pecados del pueblo y poder estar a cuentas con Dios. El sacerdote debía llevar un incensario lleno de brasas de fuego del altar, y también había sangre del animal sacrificado en el lugar Santísimo dentro del tabernáculo.En el lugar Santísimo había un arca, con una tapa dorada con dos querubines, era algo así como que Dios se sentaba sobre ella y representaba su misma presencia. El propiciatorio tenía dos querubines dorados, uno a cada lado con sus alas extendidas cubriéndolo.El sacerdote rociaba siete veces la sangre sobre el propiciatorio y cuando esto sucedía, el perdón de todos los pecados era cubierto por ese acto profético. Había dos cosas importantes en ellos, no solo que el sacerdote hiciera como Dios le había especificado hacer, sino que la mayor señal era que el sacerdote saliera con vida.

El Único Sumo Sacerdote que existe, está a la derecha del Padre, intercediendo por cada uno de nosotros.

Él ejerce esta labor los 365 días del año, y seguirá siendo nuestro Sumo Sacerdote por la eternidad (Hebreos 6:20). Jesús tomó su propia sangre, y la llevo al verdadero propiciatorio de la presencia misma, no en un lugar de la tierra sino en los cielos, a donde está el verdadero Lugar Santísimo y la presento al Padre para remisión de todos los pecados de todos los creyentes para siempre y por siempre (Hebreos 9:12, 14).

La Sangre de Jesús está disponible para cada pecador que quiera arrepentirse y desea entrar a la presencia del Padre. Esa Sangre lo va a rociar para perdón,

santificación, comunicación y le dará acceso directo a la Presencia de Dios.

Jesús rocía su sangre sobre nosotros, cuando por fe nosotros aceptamos su obra terminada en la cruz del Calvario. Quizás esto no es un rociamiento físico, más bien es una transacción espiritual donde Él rocía su Sangre en nuestra vida, como respuesta a nuestra fe depositada en Él. Y hasta que no se crea en el poder de su sacrificio en el Calvario y no se acepte su Salvación en el corazón, la Sangre de Jesús no va a producir nada en nuestra alma.

La Biblia dice que tenemos que tener fe en su Nombre, pero también tenemos que tener fe en su sangre.

Cuando Moisés roció la sangre del cordero sobre los israelitas que habían fallado, ellos no dudaron por un instante en que habían sido perdonados, porque era la sangre derramada de un animal en el altar del holocausto. Si ellos entendieron esa dimensión del poder de la sangre de un animal, cuanto más un cristiano debe tener convicción de lo que significa la Sangre de Cristo rociada sobre su vida.

Martin Lutero dijo: "es una blasfemia que se tome los pecados que fueron puestos sobre Jesucristo y sean colocados, nuevamente sobre nosotros". Cuando tú sabes que la sangre de Cristo limpió tus pecados, pero no lo crees, esa incredulidad te lleva a cargarlos otra vez y colocarlos sobre tu vida.

Cuando tú proclamas la victoria de la sangre de Cristo, y le alabas de corazón por la promesa de esa gran redención que el Señor hizo en tu vida, esta comienza a ser levantada en fortaleza, y comienzas a ser bendecido e impactado por la presencia del Señor.

Romanos 5:11 *RVR1960*

Y no sólo esto, sino que también nos gloriamos en Dios por el Señor nuestro Jesucristo, por quien hemos recibido ahora la reconciliación.

LECCIÓN 12
¿POR QUÉ ES PRECIOSA LA SANGRE DE JESÚS?

El apóstol Pedro habla de varias cosas que son preciosas. Cuando menciona este calificativo se refiere a lo que tiene que ver con la cualidad de excelencia, exquisito, primoroso y digno de estimación y aprecio, algo de mucho valor o de un elevado costo.

1 Pedro 1:18-20 ^{NTV}

¹⁹…sino con la sangre preciosa de Cristo, como de un cordero sin mancha y sin contaminación,..

En toda las Sagradas Escrituras al mencionar la sangre de Jesucristo se utiliza un verdadero y genuino calificativo que es: "preciosa" y es una verdad absoluta, solo la sangre de Él es reconocida como tal.

En el versículo siete del mismo capítulo menciona que:

1. **La fe es mucho más preciosa** que el oro.
2. **La perla de gran valor y preciosa** (Mateo 13:46)
3. Pedro también califica **la Sangre de Cristo como preciosa.**
4. En el capítulo dos, verso cuatro del mismo libro, habla de **la piedra viva preciosa**, la cual representa el fundamento del edificio que es a Cristo, como preciosa y ahí mismo en el verso siete, dice que: **Cristo es precioso** para los creyentes.

La palabra **"preciosa"** en griego es /timios/ que significa: honorable, estimada, algo de gran precio. Y las cuatro características se refieren a Cristo. **¿Te has preguntado alguna vez por qué es tan preciosa esa sangre?** Porqué es la única sangre que tiene efectividad en el mundo espiritual y es eficaz para borrar los pecados delante del Padre Dios.

Solo la Sangre del Cordero de Dios tiene poder para salvar; el sacrificio de Jesús en la cruz fue suficiente para que hombres y mujeres fueran perdonados y lavados de sus pecados.

Mientras Jesús estaba desarrollando su ministerio en la tierra, Satanás el antiguo engañador observaba lo que Él hacía. Las personas:

- eran liberadas de las opresiones y las enfermedades;
- los ciegos y los sordos eran sanados,
- los paralíticos caminaban,
- los leprosos eran limpiados,
- los muertos resucitaban.

Mientras Jesús estuvo en la tierra fue destruyendo las obras de maldad que oprimían a la gente. De una forma progresiva Él fue manifestando el poder que tenía para someter todo bajo la Presencia de Dios. Satanás estaba molesto y enfurecido contra Jesucristo, por eso es que planeó destruirlo y matarlo en la cruz. Sembró la maldad en el corazón de aquellos que debían haberlo aceptado; sembró el odio en aquellos que debieron haberlo amado, y fue por eso que preferían verlo crucificado que haciendo el bien! Si él hubiera sabido lo que iba a pasar después de su muerte, nunca lo hubiera incitado a que lo crucifiquen; porque precisamente esa preciosa sangre derramada en la cruz le quitó el dominio que Satanás tenía sobre hombres y mujeres.

Satanás no hubiera querido jamás que Jesús derramara su Sangre, porque no entendió que al morir en la cruz, Jesús iba a destruir el dominio del pecado sobre los seres humanos.

<u>Observa este ejemplo</u>: Las personas no son limpias por saber solamente que existe un elemento de limpieza llamado jabón, ellos necesitan tomarlo en sus manos y usarlo para quitar la suciedad del cuerpo. Eso mismo es lo que significa discernir la sangre de Jesús, cuando se toma en la cena del Señor. De nada te servirá hablar de la sangre de Jesús, de su poder y autoridad sino la aplicas a tu vida. Si tú desconoces que tiene la autoridad para limpiar pecados; seguirás cargando con ellos, pues ignorarás el poder genuino que hay en ella para redención.

No es solo saber acerca de la sangre de Cristo y conocer acerca de su existencia, sino entender que ella es distinta a cualquier otra sangre con la que se pueda comparar. ¡Tu sangre es común, pero la sangre de Jesús es santa!

¿Por Qué Era Santa la Sangre de Jesús?

En el momento de nuestra concepción, todos nosotros heredamos características, grupo y factor de sangre. Por lo general un análisis de sangre permite determinar el parentesco familiar por medio de la prueba de ADN. Está comprobado científicamente que existen 15 tipos de sangre, además de grupos específicos que son detectados en algunas familias aisladas, y otros que se encuentran en diferentes personas. Según la medicina, un sistema de sangre puede incluir uno o varios antígenos de factores de grupos sanguíneos. Está comprobado que el RH de una madre puede ser positivo y la de su hijo puede ser negativo. La sangre de la madre alimenta al feto por medio de la placenta, la cual a su vez evita que la sangre de ella entre por las venas a la sangre del bebe. Es decir, la sangre de la mujer que está embarazada alimenta la placenta, pero el niño tiene su propia sangre. Sin embargo, cabe anotar que con Jesús se presentó una situación diferente a la de cualquier ser humano.

Él no tenía un padre terrenal, entonces no sería posible agrupar su sangre porque era única; su sangre preciosa y santa fue independiente de toda herencia genética.

Dios inspiró al evangelista Lucas, que era médico, para escribir acerca de esto, para que la humanidad al leer la Biblia entendiera los detalles que María fue testigo. Ella pudo hablar sin pena, con un doctor como él, y por eso leemos lo que sucedió:

Lucas 1:34-35 *RVR1960*
34 Entonces María dijo al ángel: ¿Cómo será esto? pues no conozco varón.35 Respondiendo el ángel, le dijo: El Espíritu Santo vendrá sobre ti, y el poder del Altísimo te cubrirá con su sombra; por lo cual también el Santo Ser que nacerá, será llamado Hijo de Dios.

María y José estaban comprometidos, pero aún no habían tenido una relación íntima. Hasta ese momento ella era una mujer virgen. Lo que en su vientre se había concebido, era por un gran milagro del Padre celestial Todopoderoso; por lo tanto, el cuerpo de Jesús no había heredado nada de José ni de sus antepasados. Respecto a la sangre de María, una mujer puede dar a luz un hijo que sea incompatible con su propio tipo de sangre. Es decir, el bebé desarrolla su propia sangre en el vientre de su madre y hasta puede ser de un tipo opuesto al de su propia madre, como hemos dicho.

El secreto del poder de la sangre de Jesús es que era la sangre del Unigénito del Padre. Toda sangre humana está contaminada por el pecado, pero solo la sangre de Jesús era sin contaminación genética de pecado.

Además de Jesús, hubo un hombre cuya sangre no fue recibida por vía genética. Era la primera vez que un hombre recibía sangre por vía divina.

Adán fue creado por Dios, el Señor le sopló vida en él. ¿Cuál era la sangre que corría por las venas de Adán? ¿Quién le puso esa sangre a él?, Adán no tuvo madre ni fue concebido. Él fue el primer hombre que se menciona como hijo de Dios de acuerdo con su ascendencia. Es decir, Adán fue una creación especial sin antepasado humano. Jesús es llamado en la Biblia el postrer Adán, el último, del cual anteriormente solo hubo uno.

Lucas 3:38 NTV

Cainán era hijo de Enós. Enós era hijo de Set. Set era hijo de Adán. Adán era hijo de Dios.

El cuerpo de Jesús como el cuerpo de Adán, fue especialmente preparado como dice la Biblia:

Hebreos 10:5-7, 15-17 NTV

5 Por eso, cuando Cristo vino al mundo, le dijo a Dios: «Tú no quisiste sacrificios de animales ni ofrendas por el pecado. Pero me has dado un cuerpo para ofrecer. 6 No te agradaron las ofrendas quemadas ni otras ofrendas por el pecado. 7 Luego dije: "Aquí estoy, oh Dios, he venido a hacer tu voluntad como está escrito acerca de mí en las Escrituras"».
15 Y el Espíritu Santo también da testimonio de que es verdad, pues dice: 16 «Éste es el nuevo pacto que haré con mi pueblo en aquel día — dice el Señor — : Pondré mis leyes en su corazón y las escribiré en su mente». 17 Después dice: «Nunca más me acordaré de sus pecados y sus transgresiones».

Dios hizo que María concibiera un hijo varón, sin pasar por las necesidades biológicas normales. Y esto fue posible, porque no hay nada imposible para Dios. Sin embargo, existe una gran diferencia entre el primer Adán y el postrer Adán.

El primer hombre fue hecho de la tierra, y el segundo hombre fue hecho del cielo.

La contaminación de Adán por el pecado, entró, contaminó y dañó su sangre y corrió por las venas de todos nosotros. Pero por las razones mencionadas anteriormente, eso no circuló por la sangre de Jesús, por eso su sangre es Santa. El nacimiento de Jesús fue el gran milagro del Padre pues ocurrió de una forma diferente a cualquier humano.

LA SANGRE DE JESÚS PROCEDE DE DIOS

La Biblia habla de la preciosa sangre de Jesús pero también dice que la sangre de Jesús es la sangre de Dios.

Hechos 20:28 NTV

Entonces cuídense a sí mismos y cuiden al pueblo de Dios. Alimenten y pastoreen al rebaño de Dios — su iglesia, comprada con su propia sangre sobre quien el Espíritu Santo los ha designado ancianos.
Aquí se nos habla que la Iglesia fue comprada con la preciosa sangre de Jesús,

entendiendo que Dios es Espíritu, que no tiene carne ni sangre; la respuesta es simple, la Palabra se hizo hombre, el verbo se hizo carne y hábito entre nosotros, y vimos su gloria como la del unigénito del Padre. En el vientre de María, la deidad y la humanidad se unificaron. Por eso decimos que la sangre de Jesús es la sangre de Dios, es divina, santa y preciosa.

LA SANGRE DE CRISTO ES EFICAZ

La sangre del Todopoderoso es totalmente eficaz desde el punto de vista jurídico. Un individuo puede derramar su sangre y dar su vida en lugar de otros, pero la sangre de Jesús no tiene limitación para nadie. **Aquí intervino la gracia y misericordia de Dios**. La sangre del Hijo de Dios tiene la gracia suficiente, para cubrir todo el pecado, de todo aquel que se arrepienta y crea en Él. Dios demostró el poder de la sangre, cuando Israel salió de Egipto. Los israelitas debían de sacrificar y comer el cordero de la Pascua. Dice la Biblia que si una familia era muy pequeña, podía compartir el cordero con otra familia.

Éxodo 12:4 NTV

Si una familia es demasiado pequeña para comer el animal entero, lo compartirá con una familia vecina. Dividan el animal según el tamaño de cada familia y la cantidad que cada uno pueda comer.

Esto es una manera de entender lo que Jesús hizo; Él es el Cordero de Dios que es demasiado grande para una sola familia. Él debe ser para todas las familias de tu barrio, de tu pueblo, de tu nación. Jesucristo es la verdadera expiación de los pecados de todos aquellos que creen en Él. Juan vio una revelación apocalíptica, en la cual había una gran multitud, la cual nadie pudo contar; ellos habían lavado sus ropas y emblanquecido en la Sangre del Cordero:

Apocalipsis 7:9 NTV

Después de esto vi una enorme multitud de todo pueblo y toda nación, tribu y lengua, que era tan numerosa que nadie podía contarla. Estaban de pie delante del trono y delante del Cordero. Vestían túnicas blancas y tenían en sus manos ramas de palmeras.

LA SANGRE DE CRISTO TAMBIÉN HABLA

Hebreos 12:24 NTV

Ustedes han llegado a Jesús, el mediador del nuevo pacto entre Dios y la gente, y también a la sangre rociada, que habla de perdón en lugar de clamar por venganza como la sangre de Abel.

Aquí se nos dice que la sangre de Jesús habla mejor que la de Abel.

Génesis 4:10-11 RVR1960

Y él le dijo: ¿Qué has hecho? La voz de la sangre de tu hermano clama a mí desde la tierra. 11 Ahora, pues, maldito seas tú de la tierra, que abrió su boca para recibir de tu mano la sangre de tu hermano.

¿La sangre de Abel derramada en la tierra qué denunciaba? Muerte, asesinato y reclamaba venganza.

La sangre de Cristo también tiñó la tierra al igual que la sangre de Abel, pero con una gran diferencia, la sangre de Jesús hablaba de vida, no de muerte. La sangre de Abel exigía venganza, más la Sangre de Cristo ofrecía perdón para todo aquel que se acercara a Él.

Charles Wesley habló acerca de las heridas sangrantes en el cuerpo de Jesús y dijo algo muy cierto: *"sin esa sangre, no hubiera vida en el ser humano."*

Caín fue castigado por la muerte de su hermano Abel, pero nadie recibió castigo por la muerte de Cristo en el calvario. Cristo sufrió la muerte por ti, y por eso no puedes quedarte callado, y debes contarle a todos lo que Cristo hizo por ti y por ellos.

El calvario no dio origen ni a la venganza, ni al odio, ni a la represalia, el calvario es conocido como la misericordia hacia el pecador.

Cuando Jesús derramó su sangre en la cruz, tuvo que haber salpicado a los soldados romanos que lo crucificaron, y sus manos estuvieron manchadas con la muerte de Cristo; sin embargo, Lucas 23:34 dice que Jesús decía: *"Padre perdónalos porque no saben lo que hacen"*. No hay perdón de pecados sino hay derramamiento de Sangre. Esto es solamente por la Sangre de Jesucristo, que es una Sangre que habla y tiene vida eterna.

Lo importante es apropiarse del perdón divino, pues a través de la Sangre de Jesús todos tus pecados de ayer, hoy y para siempre serán perdonados.

Después que la sangre de Jesús manchó la tierra, esa misma sangre te limpió.

El diluvio mató a todos los pecadores, se salvó Noé y su familia, pero cuando él salió del arca hizo sacrificio de sangre. El agua del diluvio no lavó el pecado, solo la sangre de Cristo es poderosa para hacerlo.

Su sangre paga todo, pues por ella hemos sido readquiridos, y rescatados para

Dios el Padre.

Pues el hombre vendió su alma al pactar con Satanás vendiéndose al pecado, cayendo a lo más bajo. Por eso necesitaba que alguien pagara su rescate, ya que estaba en el escaparate de los esclavos. Jesús pagó el rescate, no con monedas de plata ni de oro sino con un precio mayor que es su sangre.

Por eso hay que amar la sangre porque fue el precio a pagar mi rescate. El precio de tu salvación era demasiado costoso, y no había moneda humana que pudiera alcanzar el valor para comprarla.

LA SANGRE DE JESÚS DA VIDA Y ES ETERNA

Jesús te ha dado una salvación segura y es la marca de su preciosa sangre sobre ti, lo cual nadie te la puede quitar, ni menos apartarte de los brazos de tu salvador. Satanás no puede secuestrar tu alma cuando tú has hecho un pacto con Cristo de santidad. Sobre tu vida está el sello de la sangre como una señal eterna. Esta señal es permanente, y es a prueba del tiempo.

La Sangre de Jesús no te da licencia para pecar, por el contrario Dios te la dio para salvación.

Si aún no tienes certeza de tu salvación y no sabes si eres limpio de tus pecados lo puedes hacer hoy, reconociendo a Cristo como tu Salvador. **Dile ahora mismo y haz esta oración delante de su Presencia.**

"Señor, yo te necesito. Padre que estas en los cielos y en todo lugar por medio de Tu Espíritu, me humillo delante de Tu Presencia en el Nombre poderoso de Jesús, y pongo delante de ti, todos mis errores, mis fracasos, mis pecados, problemas y vicios que no he podido quitar por mí mismo. Dios y Padre eterno, te pido en el Nombre de Jesús que me laves ahora con la Sangre Preciosa de Jesús, la cual Él derramó en el Calvario. Rompe toda atadura, y pacto con Satanás que sea roto y quebrantado en mi vida, y en la de mi familia. Márcame interna y externamente con Tu Sangre Preciosa y seré tuyo para siempre en espíritu, alma y cuerpo, ahora y por la eternidad. Señor Jesús, coloco mi fe, mi confianza en ti. Yo creo que Tú eres el Hijo del Dios vivo, y creo con todo mi corazón lo que en este momento estoy confesando con mi boca. Tú eres mi Salvador, mi Dios. Creo que he nacido de nuevo y soy hijo del Dios Altísimo y lo proclamo en el Nombre de Jesús", Amén.

LECCIÓN 13
LA EXPIACIÓN POR SU SANGRE

Lamentablemente, uno de los temas que las personas poco entienden es acerca del efecto y las características de la expiación. La Biblia menciona varios términos con relación a la reconciliación del hombre con Dios lo cual se utilizan la siguientes palabras: **expiación, redención y propiciación**. Cada una de estas palabras guarda dentro de sí mismas el misterio de Dios, escondido a favor del ser humano. ¿Cuál es su eficacia? ¿Qué sentido tiene para el hombre la obra expiatoria de Cristo y qué produce en él? Para tener conocimiento acerca de este tema le invito a leer el siguiente texto en la Biblia en Hebreos 9:11-28. Evidentemente el efecto que produce la expiación en una vida, conforme se ve revelado en el capítulo 11 de Hebreos es:

1. PERDÓN DE LAS TRANSGRESIONES:

   Jesucristo pagó la deuda que tú nunca hubieras podido pagar. En su obra expiatoria hubo un pago radical, a favor de tu vida.

2. REDENCIÓN:

   Dios se aseguró que fueras libre por medio de la remisión de pecados. Cuando la Biblia habla de remitir; significa: quitar, arrancar, perdonar. La Sangre de Jesucristo fue eficaz para borrar toda clase de pecado. Cuando tú reconoces a Jesucristo como tu personal Salvador, no quiere decir que entraste a una ideología o a una nueva filosofía; cuando tú naces de nuevo y reconoces a Jesucristo como tu Señor y salvador ha empezado en ti una nueva vida y todos tus pecados del pasado, jamás serán recordados por Dios, ya que si El los trajera de nuevo a memoria, hubiera sido en vano el sacrificio de Cristo en la cruz.

   La Biblia habla de tres dimensiones que oprimen al ser humano, y están dentro de lo que significa transgresión y son: pecado, rebelión e iniquidad. De cada una de ellas, el sacrifico de Cristo hizo expiación. Lo primero que hay que discernir cuando se habla de expiación es de un precio que ha sido pagado por ti. Un precio que jamás la reserva federal de un país pudo haber pagado. El único que te redimió se llama Jesucristo, porque El murió en tu lugar. Recuerda que la consecuencia del pecado es muerte, pero Jesús ocupo tu lugar, Él fue la provisión dada por el Padre para ser tu sustituto, y murió para que tuvieras vida en abundancia. Por eso la Biblia dice que fuiste libre de las transgresiones.

3. LIBERTAD DEL PECADO:

Por medio de la expiación, el creyente no solo queda libre de sus pecados pasados, sino del poder del pecado en el presente y futuro de acuerdo a lo que menciona el Apóstol Pablo en:

Romanos 6:1-2 NTV

Ahora bien, ¿deberíamos seguir pecando para que Dios nos muestre más y más su gracia maravillosa? 2 ¡Por supuesto que no! Nosotros hemos muerto al pecado, entonces, ¿cómo es posible que sigamos viviendo en pecado?

Pablo explica que aún el pensamiento de vivir una vida de pecado te debe hacer sentir mal. También dice que el que tiene a Cristo como su Señor y Salvador se ha separado definitivamente en virtud de su fe y confianza puesta en el autor y consumador de su vida. La fe en Jesús es una fe viva, porque has creído en Él como *"el que venció la muerte y vive para siempre"*. El Salvador resucitado ha dado como resultado la crucifixión de tu naturaleza pecaminosa.

El hombre y la mujer que cree con toda su alma que Cristo murió por los pecados, tienen una fe firme en su interior. La cruz significa la muerte y ruina del pecado en tu vida para siempre. El tentador, padre de mentira y dios de este siglo, acosa continuamente al hombre y ataca la naturaleza humana que es débil y frágil. El pecado no te puede controlar y tocar tu vida para hacer lo que él quiera, porque tú no estás bajo la ley, sino en la gracia, cubierto por el amor que Él tiene por ti y lo hizo veraz a través de su sacrificio.

Romanos 6:14 RVR1960

Porque el pecado no se enseñoreará de vosotros; pues no estáis bajo la ley, sino bajo la gracia.

La ley determina que el pecador debe hacer algo para ser libre de esa culpa, pero por más que el haga jamás cancelará esa deuda, y al no poder hacerlo, el ser humano permanecería para siempre bajo el dominio del pecado. Pero por otro lado la gracia revelada a través de Jesús se ha revelado, y te dice que algo se ha hecho por el pecador, en una forma milagrosa y poderosa. A eso se le llama la obra terminada y perfecta en la cruz del Calvario.

FE VIVA Y PODEROSA

En lo que tiene que ver con la fe viva y poderosa, tienes un aliado que se llama el paracleto divino que es la persona del Espíritu Santo, quien es el encargado de revelarte a Jesús en tu vida. Sin Él, nadie puede entender el misterio de la cruz, la expiación y la redención, a menos que sea revelado por Él. Sin el Santo Espíritu de Dios es difícil entender el amor del Padre, la obra perfecta de la cruz y el poder eficaz de la Sangre derramada. Cuando el Espíritu Santo viene y hace sombra en tu vida, habitará dentro de ti, y lo que antes no entendías acerca del misterio de la cruz ahora será entendible, y también te ayudará a creer que si tienes una fe viva, aplastaras todo pensamiento pecaminoso que venga a tu vida.

El Espíritu Santo te dice: *"puedes hacerlo, por eso, Jesús resucitó para que no tengas muerte, puedes vencer, porque El murió por ti y fue tu sustituto para que seas vencedor".*

El Espíritu Santo te ayuda a orar, y te da la libertad que tienes ahora en Jesús. Verdaderamente Cristo murió para remover el obstáculo del pecado, para que su Espíritu venga a morar en tu vida.

El creyente que vive día a día por la Cruz, recibirá una experiencia de:

1. **LIMPIEZA**:

   El creyente que se limpia cada día con la sangre de Cristo de sus pecados, es porque ha entendido lo que significa ese sacrificio. En este tipo de creyente, se va manifestando una limpieza espiritual, que lo va a llevar a buscar de Dios de continuo.

2. **AVIVAMIENTO ESPIRITUAL:**

   Un creyente experimenta avivamiento cuando ama la búsqueda y la santidad de Dios. Este es un creyente que ha dicho: ¡No al pecado!. El avivamiento viene como resultado de una búsqueda espiritual de limpieza y trae vida en abundancia. (Tito 3: 5-7). Cuando tú permites que el Espíritu Santo trabaje en ti, y te haga obediente a Dios, te adaptara a la nueva vida en Cristo, y el Espíritu Santo te dará vida eterna y abundante.

3. **LIBRE DE LA MUERTE:**

   La muerte tiene un significado físico y espiritual. Cuando la Biblia te habla de muerte espiritual se refiere a la pena asignada por Dios al pecado humano. Quien se muere sin Cristo, pesa sobre él una sentencia de muerte física sin esperanza de resurrección a una vida nueva, y también carga con la sentencia espiritual de estar separado de la Presencia de Dios. El pecado es el que asigna esta sentencia.

Cuando una persona muere y nunca se ha reconciliado con Dios en vida, permanecerá separado de Dios en el otro mundo para siempre. Estará llamado a experimentar la eterna separación que sigue y es conocida como la segunda muerte. La declaración que Dios le hizo a Adán, encerraba todas las consecuencias penales que origina el pecado en el ser humano, como separación de Dios, inquietud, desasosiego, deseo al mal, debilidad física, alcance de la muerte física y todo tipo de consecuencias que trae esta muerte.

Pero la Biblia dice que cuando Cristo murió por nuestros pecados, se sometió no solo a la muerte física, sino que lo que más le pesaba como una copa agonizante, era la consecuencia de la muerte por el castigo del pecado. Jesús fue el único capaz de humillarse a los sufrimientos de la muerte para que por gracia de Dios gustase la muerte para cada ser humano y en virtud a su naturaleza divina, tuvo que tomar nuestra semejanza humana, de esta manera pudo realizar esta encomienda de parte del Padre. Quizás no entiendas como esto sucedió, pues es evidente que este es el misterio más profundo de la divinidad de Dios: el misterio de la cruz.

Este no solo es el misterio más profundo, sino el más lleno de amor que el Padre pudo expresar hacia el ser humano. En esta hora, muchos matan personas para establecer un sistema religioso. Pero Dios el Padre que se reveló a través de la persona de Jesús, no fue un Dios de muerte o de asesinatos masivos, sino el Dios que fue el dador de la vida, por su muerte voluntaria. Muchas religiones matan, diciéndole a la gente que si no se convierten a ellos serán asesinados y decapitados; Jesús solamente dice: *"venid a mi todos los que están cargados y trabajados que yo los hare descansar, porque el que cree en mí aunque este muerto vivirá".*

Ninguna persona sensata se va a privar de los beneficios de la electricidad, simplemente porque no entienda como esta funciona. Así mismo, tienes que creer lo que dice la Palabra y el Espíritu Santo cada vez más te ira revelando los propósitos divinos de Dios sobre tu vida. Nadie necesita privarse de los beneficios de la cruz simplemente porque no puede razonar con respecto a ella.

La muerte es la pena del pecado, pero Cristo vino para darse a sí mismo por tus pecados. ¿Qué hizo? Murió por ellos. El significado de la muerte, es la oscuridad, la separación de Dios, y esto explica el grito desesperado de Jesús:

Mateo 27:46 NTV

«Eli, Eli, ¿lama sabactani?», *que significa: «Dios mío, Dios mío, ¿por qué me has abandonado?».*

Los que estaban ahí, pensaban que Jesús estaba llamando a Elías; ¿Pero no son acaso estas palabras las de un mártir, muriendo? ¿No es acaso la compasión más grande del Padre en favor de la humanidad? Jesús sintió la separación divina del Padre; este hecho significaba que Él estaba cargando con el pecado. ¿Has pensado como se sentía Jesús en la cruz, cuando Él sentía la sombra más profunda de la muerte, acabando con su vida, siendo Él, el dador de la vida?. ¿Cómo se sentiría Jesús experimentando hecho de la muerte en su cuerpo sin pecado? Las religiones no tienen un Dios de amor, de misericordia y de compasión. Hay algunos que aman profundamente la muerte, pero hay otros que aman profundamente la vida. Jesús sintió en todo su ser que la muerte estaba acabándolo cuando El mismo era el dador de la vida.

Juan 14:8-12 ^{RVR1960}

⁸ Felipe le dijo: Señor, muéstranos el Padre, y nos basta. ⁹ Jesús le dijo: ¿Tanto tiempo hace que estoy con vosotros, y no me has conocido, Felipe? El que me ha visto a mí, ha visto al Padre; ¿cómo, pues, dices tú: Muéstranos el Padre? ¹⁰ ¿No crees que yo soy en el Padre, y el Padre en mí? Las palabras que yo os hablo, no las hablo por mi propia cuenta, sino que el Padre que mora en mí, él hace las obras. ¹¹ Creedme que yo soy en el Padre, y el Padre en mí; de otra manera, creedme por las mismas obras. ¹² De cierto, de cierto os digo: El que en mí cree, las obras que yo hago, él las hará también; y aún mayores hará, porque yo voy al Padre.

Cuando se le presentó a Juan, le dijo: "Este es el mensaje de aquél que es el Primero y el Último, que estuvo muerto pero ahora vive." (Apocalipsis 2:8)

Aunque si bien es cierto, que aquellos que creen en Él, tal vez tendrán que sufrir, como están sufriendo los hermanos cristianos en el medio oriente la pena física; en ellos el estigma de la muerte eterna ha sido quitado, para dar paso a la vida. Y ella se convierte en la puerta de una vida eterna. Una vida más amplia, y en ese sentido se confirma lo que Él dijo:

Juan 11:26 ^{RVR1960}

"Y todo aquel que vive y cree en mí, no morirá eternamente."

Jesús pagó el precio para que tú no tengas que cargar con el peso del dolor, la aflicción, enfermedad, o cautividad; quiero recordarte que Él pagó el precio para hacerte libre. Todo el que necesita ser libre y sano en su alma, cuerpo y espíritu, crea en esta Palabra que el Señor te va a ministrar donde quiera que te encuentres. Todo espíritu de enfermedad o de opresión se tiene que ir en el Nombre de Jesús. Donde quiera que haya una necesidad, recibe el toque del Señor porque solo Él pudo cancelar el precio del pecado en la cruz del Calvario para que tú seas libre por completo y para que la gracia del Dios Todopoderoso, se irradie en tu vida para siempre.

Si has creído de todo tu corazón y tienes fe en la efectividad de la sangre derramada y rociada te invito que hagas esta firme oración:

Padre en el Nombre de Jesús gracias porque Tu Palabra nunca vuelve atrás vacía sino que se afirma en sí misma, y se hace manifiesta en cada vida de una forma clara y poderosa. En el Nombre de Jesús de Nazaret, ayúdame a entender todo lo que he leído en este libro, la dimensión, el efecto, el poder, la autoridad y la revelación que hay en la Sangre que un día Jesús derramó en la Cruz, y mientras tanto permite que aquellos que somos parte de Tu pueblo nos acerquemos a ti confiadamente, delante del Trono de tu gracia, viendo como la Sangre de Jesucristo es rociada de una forma permanente sobre aquellos que le reciben como el único Salvador de sus vidas, siendo aceptados para entrar en una dependencia de confianza, en el poder de su Nombre. Confieso que tus redimidos se levantan en niveles de fe y confianza, porque estamos seguros en quien hemos creído. Tú eres el único que quitó para siempre el pecado, y que ha sido establecido como el gran Sumo Sacerdote entre Dios y los hombres, siendo el Único que puede abogar por nosotros en el Trono de tu Gloria. Gracias te doy Dios eterno por Tu amor y misericordia que son insondables, en el nombre de Jesucristo.

Amén.

LECCIÓN 14
EL PODER DE LA REGENERACIÓN

Dios tiene diferentes formas de operar en la vida de cada ser humano. Comienza iniciando un proceso aunque el enemigo se levante para estorbarlo e impedirlo. Dios empieza y crea, esto puede ser llamado el inicio de algo, eso fue lo que hizo con el hombre, aunque en algún momento el proceso fue interrumpido por la consecuencia del pecado y la desobediencia, un plan orquestado que el diablo lanzó en el Huerto del Edén; mas en medio de todo esto Dios estableció una palabra profética, en la que llevaba implícita en sí mismo la manifestación futura del milagro de la redención. El cumplimiento de esto permitiría entonces que haya un reinicio determinado y operado por el cumplimiento de su gran promesa.

Mateo 19:28 ᴸᴮᴸᴬ

Y Jesús les dijo: En verdad os digo que vosotros que me habéis seguido, en la regeneración, cuando el Hijo del Hombre se siente en el trono de su gloria, os sentaréis también sobre doce tronos para juzgar a las doce tribus de Israel.

Efesios 4:23-24 ᴺᵀⱽ

²³ En cambio, dejen que el Espíritu les renueve los pensamientos y las actitudes. ²⁴ Pónganse la nueva naturaleza, creada para ser a la semejanza de Dios, quien es verdaderamente justo y santo.

Efesios 4:23-24 ᵀᴸᴬ

(23-24) Ustedes deben cambiar completamente su manera de pensar, y ser honestos y santos de verdad, como corresponde a personas que Dios ha vuelto a crear, para ser como él.

Lo que necesitas hacer entonces es que puedas aprovechar el reinicio que Dios permite en tu vida con el propósito de ser justificado por la fe y tengas paz para con Dios y que entonces recibas el milagro de la regeneración que necesitas en tu vida. Esto traerá como consecuencia el poder reflejar el plan original de Dios en ti, porque en esa regeneración tienes la activación del secreto de Dios mediante el cual te ministra vida nueva espiritual; dicho en otras palabras: naces de nuevo. La regeneración entonces, es una obra total de Dios de principio a fin; aquí no opera ninguna voluntad humana, todo es por la voluntad de Dios.

LA REGENERACIÓN

La palabra Regeneración es traducida de la palabra griega /*Palingenesia*/, que a su vez tiene sus raíces en /*Pálin*/ que significa nuevo y *Génesis* que significa creación. Esta tiene que ver con el acto de Dios por el cual Él da vida eterna, vida espiritual, vida divina y una nueva naturaleza. **La regeneración de un nuevo nacimiento.** La única manera en que una persona puede tener la vida eterna es a través de poner su fe en Jesús, ya que la vida eterna es un regalo de parte de Dios, no es algo que uno se pueda ganar; el hombre por su naturaleza caída, busca sustitutos para ir al cielo, confiando más en sus buenas obras que en el sacrificio perfecto del Señor Jesús. Pero lo que Dios dice es:

Romanos 3:23 RVR60

Por cuanto todos pecaron, y están destituidos de la gloria de Dios.

Es importante entender que *todos pecaron*, y por causa del pecado entonces el hombre se encuentra separado de Dios sujeto a una condenación eterna.

Romanos 6:23 RVR60

Porque la paga del pecado es muerte, la dádiva de Dios es vida eterna en Cristo Jesús Señor nuestro.

Esa muerte significa condenación eterna en el infierno; pero inmediatamente Dios nos da la solución, lo cual ella es Cristo. El hombre tiene que reconocer que el único que puede perdonar su pecado es el Señor Jesús y no será hasta que el hombre se lo pida que obtendrá el perdón de su pecado y la salvación de su alma. Cuando una persona recibe a Jesús como su único y suficiente salvador personal tiene un nuevo nacimiento.

Juan 3:3 RVR60

Respondió Jesús y le dijo: De cierto, de cierto te digo, que el que no naciere de nuevo, no puede ver el reino de Dios.

Aquí Jesús le está diciendo a Nicodemo, quien era un hombre religioso, un hombre que era interprete de la ley, un fariseo: Nicodemo tú no puedes entrar al reino de los cielos si no naces de nuevo. Nicodemo le dijo:

Juan 3:4 RVR1960

¿Cómo puede un hombre nacer siendo viejo? ¿Puede acaso entrar por segunda vez en el vientre de su madre, y nacer?

Jesús le había dicho a Nicodemo que tenía que nacer de nuevo, la palabra griega usada aquí es /*ánodsen*/ que quiere decir "desde arriba". Nicodemo no podía pensar en otra cosa más que en un nacimiento físico, pues él no tenía la capacidad espiritual para comprender a lo que Jesús se refería. La palabra dádiva significa regalo. La vida eterna, entonces, es el regalo de parte de Dios, es una gracia divina, la pregunta es: **¿Cuándo comienza la vida eterna?**

La vida eterna comienza al momento de recibir a Jesús como salvador personal. Es Dios dando la vida eterna al pecador salvo, a través de Jesucristo, es la razón por la cual el salvo debe de vivir por lo eterno, no por lo temporal, no por lo pasajero.

2 Corintios 4:18 RVR60

No mirando nosotros las cosas que se ven, sino las que no se ven; pues las cosas que se ven son temporales, pero las que no se ven son eternas.

Esta es la razón por la cual muchos no invierten en lo eterno. Un salvo debe de vivir por lo eterno. Hay tres cosas que son eternas: Dios, la Palabra de Dios y el que ha creído en Jesucristo y ha sido regenerado.

2 Pedro 1:4 RVR60

Por medio de las cuales nos ha dado preciosas y grandísimas promesas, para que por ellas llegaseis a ser participantes de la naturaleza divina, habiendo huido de la corrupción que hay en el mundo a causa de la concupiscencia.

Tu puedes ser partícipe de la naturaleza divina. ¿Qué quiere decir esto? Que ahora eres un hijo de Dios. Ahora puedes vivir la vida cristiana porque tienes una naturaleza divina, la naturaleza de Dios y puedes hacer las cosas que agradan a Dios.

Santiago 1:18 RVR60

El, de su voluntad, nos hizo nacer por la palabra de verdad, para que seamos primicias de sus criaturas.

Nacer biológica y físicamente es algo que te ha sucedido, más cuando se habla de la regeneración, esta se está refiriendo a la oportunidad que Dios te da en tu vida de vincularte con la eternidad, por consiguiente estás identificándote con lo que vas a ser en la eternidad.

1 Pedro 1:3 RVR60

Bendito el Dios y Padre de nuestro Señor Jesucristo, que según su grande misericordia nos hizo renacer para una esperanza viva, por la resurrección de Jesucristo de los muertos…

En la crucifixión Jesús anuló el código de muerte, pero con su resurrección, activó el código de vida para que puedas estar bajo sus alas y confiado que en Él tienes el reinicio que tanto necesitabas para tener vida e inmortalidad.

Colosenses 2:13 NTV

Ustedes estaban muertos a causa de sus pecados y porque aún no les habían quitado la naturaleza pecaminosa. Entonces Dios les dio vida con Cristo al perdonar todos nuestros pecados.

Lo que el Padre hizo entonces es que con la muerte de Jesús en la cruz del calvario, se abrió una puerta para todo el que en Él crea no se pierda y que tuviera vida eterna. Por lo tanto, necesitas echar todo lo que habías hecho contrario a Dios y a su Palabra, al fondo del mar.

Esto sucede cuando comprendes el reinicio que necesitas en tu vida. Esto viene a librarte de las manos opresoras del enemigo, ya que lo que él está haciendo es hacerle creer a la humanidad que puede jugar a ser Dios por medio de la manipulación genética, creyendo que pueden lograr una regeneración lo cual es totalmente falsa.

Esta es la razón porque la humanidad se aleja cada vez más y más de Dios porque lo que todos necesitan es el reinicio de Dios y no que el diablo esté manipulando el ADN, él no sabe con precisión exacta de que está hecha esa maravillosa escalera en forma de caracol que contiene los cromosomas con toda la información de cada ser humano; eso solamente lo puede reprogramar nuestro Señor Jesucristo a través del derramamiento de su sangre, dando inicio a la originalidad de la vida permanente. Esa es la razón porque Dios no necesita hacer experimentos con los seres humanos para "mejorarlos", el Creador ya sabe todo y puede cambiar lo que Él desea a su voluntad como quiera.

2 Corintios 5:17 LBLA

De modo que si alguno está en Cristo, nueva criatura es; las cosas viejas pasaron; he aquí, son hechas nuevas.

Cuando alguien ha sido regenerado, ha experimentado el renacer, es como que estuviera empezando de nuevo sin contaminación alguna, es como si el ADN estuviera siendo puesto nuevamente sin que alguien lo hubiera trastocado, porque lo que encontrarás en Cristo es vida, una vida que no puede ser minimizada, por el contrario, cuando obedeces su Palabra es potencializada y te conviertes en un vaso que Dios utilizará para bendición para todos los que te rodean.

Juan 6:65 NTV

Entonces les dijo: «Por eso dije que nadie puede venir a mí a menos que el Padre me lo entregue».

Dios ha tenido tanta misericordia de tu vida que ha hecho que te rindas por completo a los pies de Cristo. No es porque hayas sido demasiado inteligente y que por eso hoy estas delante de Él; lo que ha sucedido es que has estado en el corazón de Dios Padre y Él te consideró para que fueras entregado en las manos de tu Señor Jesucristo y que tuvieras la oportunidad de ser regenerado en tu ADN y en toda tu información genética. Esto es entonces, lo que sucede cuando el hombre o mujer responde al llamado divino, la Palabra de Dios imparte nueva vida espiritual, allí, donde el hombre por naturaleza, ha muerto espiritualmente.

1 Pedro 1:23 *RVR60*

Siendo renacidos, no de simiente corruptible, sino de incorruptible, por la palabra de Dios que vive y permanece para siempre.

El poder regenerador de la Palabra de Dios es exactamente igual a como debes tu existencia natural a la palabra hablada del Creador y al aliento de vida que insufló en ti, así también tu nuevo nacimiento se debe a la Palabra de Dios y a la activación del poder del Espíritu Santo. La intención de Dios en cuanto a tu ser creado se cumple plenamente solo cuando tu espíritu se vivifica en su presencia. Así como el pecado ha producido muerte espiritual.

Efesios 2:1-3 *RVR60*

1 Y él os dio vida a vosotros, cuando estabais muertos en vuestros delitos y pecados, 2 en los cuales anduvisteis en otro tiempo, siguiendo la corriente de este mundo, conforme al príncipe de la potestad del aire, el espíritu que ahora opera en los hijos de desobediencia, 3 entre los cuales también todos nosotros vivimos en otro tiempo en los deseos de nuestra carne, haciendo la voluntad de la carne y de los pensamientos, y éramos por naturaleza hijos de ira, lo mismo que los demás.

La salvación en Cristo Jesús ha provisto la vida espiritual. Dios nos ha hecho nacer de nuevo por el poder del Espíritu Santo.

Tito 3:5 *NTV*

Él nos salvó, no por las acciones justas que nosotros habíamos hecho, sino por su misericordia. Nos lavó, quitando nuestros pecados, y nos dio un nuevo nacimiento y vida nueva por medio del Espíritu Santo.

En griego significa; "*él nos salvó por medio del lavamiento de la regeneración y la renovación del Espíritu Santo*" y te ha hecho también miembro de la nueva creación de Dios. El poder de la Palabra de Dios en las Sagradas Escrituras se manifiesta por encima de todas las cosas en esto: da vida espiritual a todos lo que reciben su verdad.

Él, por su propia voluntad, nos hizo nacer de nuevo por medio de la palabra de verdad que nos dio y, de toda la creación, nosotros llegamos a ser su valiosa posesión.

Llegas a ser una clase de primicia de sus criaturas, esto se refiere al hecho de que "la palabra de verdad" es el medio por el cual Él te dio nueva vida, enfatizando que Dios lo ha hecho así, como expresión de su propia voluntad. La voluntad de Dios para salvarte ha sido eficazmente expresada en su Palabra, si lo crees de todo corazón, el reinicio de la vida ha llegado a ti.

Por medio de la resurrección de Cristo Jesús, el ADN que fue trastocado por la muerte que entró a la humanidad por medio del pecado cometido por Adán, ahora es restaurado a la inmortalidad.

*Juan 11:25-26 ^NTV^*

^25^ *Jesús le dijo: — Yo soy la resurrección y la vida. El que cree en mí vivirá aun después de haber muerto.* ^26^ *Todo el que vive en mí y cree en mí jamás morirá.*

Así que, no te afanes por lo que vendrá en esta vida terrenal, más bien coloca tu mirada en las cosas de arriba donde está la vida eterna, con la confianza que vivirás y reinarás para siempre con Él. Que Dios te bendiga ricamente, ahora y siempre. Amén.

Al finalizar este tema y habiendo leído este artículo tan importante escrito por un doctor experimentado en cuidados intensivos he creído conveniente compartirlo con cada lector de este libro.

FISIOPATOLOGÍA DE LA MUERTE DE JESUCRISTO

Rubén Dario Camargo R.
Medicina Interna - Cuidados Intensivos

ES UN HOMBRE Y UNA SED

Hoy día, con base a los conocimientos de la fisiopatología del paciente traumatizado, se puede llegar a inferir los cambios fisiológicos padecidos por Jesucristo durante su pasión y muerte. Los relatos bíblicos de la crucifixión descritos a través de los evangelios y documentación científica al respecto, describen que padeció y sufrió el más cruel de los castigos. El más inhumano y despiadado de los tratos que puede recibir un ser humano. Descubrimientos arqueológicos relacionados con las prácticas romanas de la crucifixión proveen información valiosa que da verdadera fuerza histórica a la figura de Jesús, y a su presencia real en la historia del hombre. Históricamente este acontecimiento se inicia durante la celebración de la pascua judía. La última cena se realizó el jueves seis de abril (Nisan 13). La crucifixión se llevó a cabo el siete de abril (Nisan 14).

HUERTO DE LOS OLIVOS (GETSEMANÍ)

Los escritores sagrados describen la oración de Getsemaní con enérgicas expresiones. Lo vivido por Jesús antes de ser tomado como prisionero, lo refieren como una mezcla indecible de tristeza, de espanto, de tedio y de flaqueza. Esto expresa una pena moral que ha llegado al mayor grado de su intensidad. Fue tal el grado de sufrimiento moral, que presentó como manifestación somática, física; sudor de sangre (hematidrosis). "sudor de sangre, que le cubrió todo el cuerpo y corrió en gruesas gotas hasta la tierra". (Lucas 22:44).

Caso no usual en la práctica médica. De presentarse está asociado a desordenes sanguíneos. Fisiológicamente es debida a congestión vascular capilar y hemorragias en las glándulas sudoríparas. La piel se vuelve frágil y tierna. Después de esta primera situación ocasionada por la angustia intensa es sometido a un ayuno que durará toda la noche durante el juicio y persistirá hasta su crucifixión.

FLAGELACIÓN

La flagelación era un preliminar legal para toda ejecución Romana. A la víctima le desnudaban la parte superior del cuerpo, lo sujetaban a un pilar poco elevado, con la espalda encorvada, de modo que al descargar sobre esta los golpes, nada perdiesen de su fuerza y golpeaban, sin compasión, sin misericordia alguna. El instrumento usual era un azote corto (*flagrum* o *flagellum*) con varias cuerdas o correas de cuero, a las cuales se ataban pequeñas bolas de hierro o trocitos de huesos de ovejas a varios intervalos. Cuando los soldados azotaban repetidamente y con todas sus fuerzas las espaldas de su víctima, las bolas de hierro causaban profundas contusiones y hematomas. Las cuerdas de cuero con los huesos de oveja, desgarraban la piel y el tejido celular subcutáneo. Al continuar los azotes, las laceraciones cortaban hasta los músculos, produciendo tiras sangrientas de carne desgarrada. Se creaban las condiciones para producir pérdida importante de líquidos (sangre y plasma). Hay que tener en cuenta que la hematidrosis había dejado la piel muy sensible en Jesús.

Después de la flagelación, los soldados solían burlarse de sus víctimas. A Jesús, le fue colocada sobre su cabeza, como emblema irónico de su realeza una corona de espinas. En Palestina abundan los arbustos espinosos, que pudieron servir para este fin; se utilizó el Zizyphus o Azufaifo, llamado Spina Christi, de espinas agudas, largas y corvas. Le fue colocada una túnica sobre sus hombros (un viejo manto de soldado, que figuraba la púrpura de que se revestían los reyes, "clámide escarlata"), y una caña, parecida al junco de Chipre y de España como cetro en su mano derecha.

CRUCIFIXIÓN

El suplicio de la cruz es de origen oriental. Fue recibido de los persas, asirios y caldeos; por los, griegos, egipcios y romanos. Se modificó en varias formas en el transcurso de los tiempos. En principio, fue un simple poste. Luego se fijó en el remate una horca (*furca*), de la que se suspendía el reo por el cuello. Después se adicionó un palo transversal (*patibulum*), tomando un nuevo aspecto. Según la forma en que el palo transversal se sujetara al palo vertical, se originaron tres clases de cruces:

1.-La *crux decusata:* Conocida como la cruz que tenía la forma de X.
2.-La *crux commissata*: Esta tenía una forma que se parecía a la letra T.

3.-La *crux immisa*: Es la llamada cruz latina, que todos conocemos.

Se obligó a Jesús, como era la costumbre a cargar la cruz; desde el poste de flagelación al lugar de la crucifixión. La cruz pesaba más de 300 libras (136 kilos) sólo llevó el patíbulo que pesaba entre 75 y 125 libras. Fue colocado sobre su nuca y se balanceaba sobre sus dos hombros.

Con agotamiento extremo y debilitado, tuvo que caminar un poco más de medio kilómetro (entre 600 a 650 metros) para llegar al lugar del suplicio. El nombre en arameo es *Golgotha*, equivalente en hebreo a *gulgolet* que significa "lugar de la calavera", ya que era una protuberancia rocosa, que tenía cierta semejanza con un cráneo humano, hoy se llama por la traducción latina calvario.
Antes de comenzar el suplicio de la crucifixión, era costumbre dar una bebida narcótica (vino, con mirra, e incienso) a los condenados; con el fin de mitigar un poco sus dolores. Cuando presentaron a Jesús este brebaje, no quiso beberlo. ¿Que podría mitigar un dolor moral y físico tan intenso, cuando su cuerpo, todo magullado, sólo esperaba enfrentar su último suplicio, sin alivio alguno, con pleno dominio de sí mismo?

Con los brazos extendidos, pero no tensos, las muñecas eran clavadas en el patíbulo. De esta forma, los clavos de un centímetro de diámetro en su cabeza y de 13 a 18 centímetros de largo, eran probablemente puestos entre el radio y los metacarpianos, o entre las dos hileras de huesos carpianos, ya sea cerca o a través del fuerte flexor retinaculum y los varios ligamentos intercarpales. En estos lugares aseguraban el cuerpo.

El colocar los clavos en las manos hacia que se desgarraran fácilmente puesto que no tenían un soporte óseo importante. La posibilidad de una herida periosea dolorosa fue grande, al igual que la lesión de vasos arteriales tributarios de la arteria radial o cubital. El clavo penetrado destruía el nervio sensorial motor, o bien comprometía el nervio mediano, radial o el nervio cubital. La afección de cualquiera de estos nervios produjo tremendas descargas de dolor en ambos brazos. El empalamiento de varios ligamentos provoco fuerte contracciones en la mano. Los pies eran fijados al frente del estípite por medio de un clavo de hierro, clavado a través del primero o segundo espacio intermetatarsiano. El nervio profundo peroneo y ramificaciones de los nervios medianos y laterales de la planta del pie fueron heridos.

¿Se clavaron ambos pies con un solo clavo o se empleó un clavo para cada pie? También esta es una cuestión controvertida. Pero es mucho más probable que cada uno de los pies del salvador estuvo fijado a la cruz con clavo distinto. Cipriano que, más de una vez había presenciado crucifixiones, habla en plural de los clavos que traspasaban los pies y muchos otros mencionan expresamente los cuatro clavos que se emplearon para crucificar a Jesús.

Melitón de Sardes escribió: "los padecimientos físicos ya tan violentos al hincar los clavos, en órganos por extremo sensibles y delicados, se hacían aún más intensos por el peso del cuerpo suspendido de los clavos, por la forzada inmovilidad del paciente, por la intensa fiebre que sobrevenía, por la ardiente sed producida por esta fiebre, por las convulsiones y espasmos, y también por las moscas que la sangre y las llagas atraían."
No han faltado quienes dijesen que los pies del salvador no fueron clavados, sino simplemente sujetos a la cruz con cuerdas; pero tal hipótesis tiene en contra, tanto el testimonio unánime de la tradición , que ve en el crucificado Jesús el cumplimiento de aquel, celebre vaticinio: "han taladrado mis manos y mis pies" (Salmos 21); como en los mismos evangelios, pues leemos en San Lucas (Lucas 24:39-40) "ved mis manos y mis pies; yo mismo soy; palpad y ved… Y, dicho esto, les mostró las manos y los pies".

Dice Bosssuet: ¿cómo describir los padecimientos morales que soportó nuestro Señor Jesús Cristo durante su horrorosa agonía? Cuando una muchedumbre de gente se saciaba sus ojos con el espectáculo de aquella agonía, acompañando con todo tipo de ultrajes que le colmaron hasta el último momento. Sufría al ver la mirada abnegada de su madre y sus amigos, a quienes sus dolores les tenían sumidos en profunda tristeza. Todo Él era, digámoslo así, un tormento en sus miembros, en su espíritu, en su corazón y en su alma.

De todas las muertes la de la cruz era la más inhumana, suplicio infamante, que en el imperio romano se reservaba a los esclavos (*servile suppliciun*). Después de las palabras en Getsemaní vienen las pronunciadas en el Gólgota, que atestiguan esta profundidad, única en la historia del mundo. "Dios mío, Dios mío, ¿por qué me has abandonado?" Sus palabras no son sólo expresión de aquel abandono, son palabras que repetía en oración y que encontramos en el Salmo 22.

INTERPRETACIÓN FISIOPATOLÓGICA DE LA MUERTE DE JESUCRISTO

En la muerte de Jesús varios factores pudieron contribuir. Es importante tener en cuenta que fue una persona politraumatizada y policontundida; desde el mismo momento de la flagelación, hasta su crucifixión. El efecto principal de la crucifixión, aparte del tremendo dolor, que presentaba en sus brazos y piernas, era la marcada interferencia con la respiración normal, particularmente en la exhalación. El peso del cuerpo jalado hacia abajo, con los brazos y hombros extendidos, tendían a fijar los músculos intercostales a un estado de inhalación y por consiguiente afectando la exhalación pasiva. De esta manera la exhalación era primeramente diafragmática y la respiración muy leve. Esta forma de respiración no era suficiente y pronto produciría, retención de CO_2 (hipercapnia). Para poder respirar y ganar aire Jesús tenía que apoyarse en sus pies, tratar de flexionar sus brazos y después dejarse desplomar para que la exhalación se produjera. Pero al dejarse desplomar le producía igualmente una serie de dolores en todo su cuerpo. El desarrollo de calambres musculares o contracturas tetánicas debido a la fatiga y la hipercapnia afectaron aún más la respiración. Una exhalación adecuada requería que se incorporara el cuerpo empujándolo hacia arriba con los pies y flexionando los codos, creando aducción en los hombros. Esta maniobra colocaría el peso total del cuerpo en los tarsales y causaría tremendo dolor. Más aún, la flexión de los codos causaría rotación en las muñecas en torno a los clavos de hierro y provocaría enorme dolor a través de los nervios lacerados. El levantar el cuerpo rasparía dolorosamente la espalda contra el estipe. Como resultado de eso cada esfuerzo de respiración se volvería agonizante y fatigoso, eventualmente llevaría a la asfixia y finalmente a su fallecimiento.

Era costumbre de los romanos que los cuerpos de los crucificados permaneciesen largas horas pendientes de la cruz; a veces hasta que entraban en putrefacción o las fieras y las aves de rapiña los devoraban. Por lo tanto antes que Jesús muriese, los príncipes de los sacerdotes y sus colegas del Sanedrín pidieron a Pilato que, según la costumbre romana, mandase rematar a los ajusticiados, haciendo que se le quebrasen las piernas a golpes. Esta bárbara operación se llamaba en latín *crurifragium* (Juan 20:27). Las piernas de los ladrones fueron quebradas, más al llegar a Jesús y observar que ya estaba muerto, renunciaron a golpearle; pero uno de los soldados para mayor seguridad quiso darle lo que se llamaba el "golpe de gracia" y le traspasó el pecho con una lanza.

En esta sangre y en esa agua que salieron del costado, los médicos han concluido que el pericardio, (saco membranoso que envuelve el corazón), debió ser alcanzado por la lanza, o que se pudo ocasionar perforación del ventrículo derecho o tal vez había un hemopericardio postraumático, o representaba fluido de pleura y pericardio, de donde habría procedido la efusión de sangre. Con este análisis que si bien es conjetura, nos acercamos más a la causa real de su muerte. Interpretaciones que se encuentran dentro de un rigor científico en cuanto a su parte teórica; más no demostrables con análisis ni estudios complementarios. Los cambios sufridos en la humanidad de Jesucristo, se han visto a la luz de la medicina, con el fin de encontrar realmente el carácter humano, en un hombre que es llamado el hijo de Dios, y que voluntariamente aceptó este suplicio, convencido del efecto redentor y salvador para los que crean en Él y en su evangelio.

BIBLIOGRAFÍA

Bíblia Nueva Traducción Viviente. 2005 <u>Tyndale House Publishers, Inc.</u>

Biblia Reina Valera 1960. 1988 <u>Sociedades Bíblicas Unidas.</u>

Diccionario Holman. 2008 <u>B&H Publishing Group.</u>

Diccionarios.com. 2011. <u>Larousse Editorial.</u>

9781599000473